ちくま文庫

珍奇絶倫 小沢大写真館

小沢昭一

筑摩書房

小沢写真館再開御挨拶

長いこと休業しておりましたが、亡父に代って、このたび二十五年ぶりに写真撮影の営業を再開致します。旧に倍する御客様各位の御贔屓をひとえにお願い申し上げます。なお俳優業は従来どおり営業致しておりますので、念のため。

昭和四十七年初春　小沢昭一敬白

上の写真は亡父盛業中の当館。右端しゃがんでいる坊ちゃんは、往年の昭ちゃん。

小沢大写真館——まえがき

写真屋の父《おやじ》と私

私は写真屋のセガレである。

私のおやじは、新潟県長岡で育って、高田の小熊写真館で写真をおぼえ、東京へ出て店を開業した。その店は、下谷・根岸の御行の松のそばで、たしか木村伊兵衛写真館？のあとだったと後に聞いたが、どうもあまりはやらなかったらしく、二年ばかりで蒲田へ移った。私はその小沢写真館のひとり息子なのである。

しかし、門前の小僧は習わぬ経を読んでも、門内の小僧は経を読まなかった。店には、門生（あのころ、写真屋の小僧をそう呼んだ）がひとりいたので、私は家業の手伝いは、水洗いひとつしなかった。どうも、おやじが意識的にさせなかった様でもある。

「お父さんは写真屋なんかやってるが、お前はもっと偉い者になれ」というようなことを、言われた記憶もある。結果は、私は役者になって、写真屋と役者とどっちが偉いかよく分からないが、まあおやじの期待する様にはならなかったわけだ。

おやじは、写真の仕事に、きわめて熱心であるという風にはこどもの目から見えなかった。若い時、絵かきになりたかったということを聞いたこともあったが、稼業よりも、釣や麻雀や川柳や小鳥にこっていたおやじの姿の方が思い出される。

そういうおやじだったが、写真の「修整」だけは一所懸命やっていたし、また得意にもしていた。昔の写真屋の写真は、ガラスの種板の原版を、電球のあかりを裏から通す台の上にのせて、紙ヤスリで針の様にとがらせた鉛筆の先で、たんねんに、写っている人物の顔をいじって、イイ男イイ女に修整するのが、普通だった。この修整の、サジ加減ならぬ鉛筆加減で、「あの写真屋はうまいまずい」の差があったのだ。

「小沢写真館は写真はうまいけど、出来上りが遅すぎていやだ」という近所の評判は、こどもの私にも聞えたが、おやじは仕事はあとまわしで釣に出かけ、帰れば手帳に鉛筆をなめなめ川柳をひねくっていた。写真の出来上りが遅くとも、修整の威力で客をはなさない自信があったようだ。

修整をやっている時のおやじは、コワイ顔で近寄りがたかったが、客の催促が重なって仕方なしに暗室に入り、たまった仕事をかたづける時は、いつもきまって流行歌をうたいながらやっていたから、そういう時は、私も暗室に入って行ったりした。しかし、おやじは、私に手伝わせたり、覚えさせようとしたりはせず、私も写真の仕事に何の関心も持たず、写真屋のこどもに写真はいわば空気の様なもので、氷醋酸のにおいをかぎながら育ったのに、写真の知識、技術は全く体得しないまま過ごした。

私が中学へ上がるとまもなく、おやじは病気で写真屋を止め、結局それからの何年間かは、寝っぱなしになってしまったので、私の少年から青年に移る時期には、写真の環境はすべてなくなってしまった。だから、私は写真屋の子で写真知らずのままなのである。

それが、自分もいいとしのおやじになったころから、あらためて自分のおやじのことが、急に気になりだした。こどものころの少年の目で見ていた父ではなくて、男としての、人間としての父を知りたくなった。私は人間の〝血〟を信じているので、父を知ることで、自分を知りたいと思ったのだ。

おやじは、なぜ写真屋になったのか。そんなことを考えて、私は写真をとりはじめた。役者の私が、近ごろ、写真にワルノリしている所以《ゆえん》である。

目次

本文レイアウト・倉地亜紀子
著者写真（12～13頁、318～319頁）石黒健治

珍奇絶倫　小沢大写真館

新宿のヌードスタジオ従業員

東京ゲイボーイショー御一党《変身如来》

ショーの御用命は『東京セブン芸能企画』へ。

アタイ達のショーは素敵ヨ、シビラシチャウ。

吉原でのオススメ明朗特殊浴場『平安』
従業員（午後四時現在）御一同

特殊浴場の明朗化をめざす
浅草特殊浴場防犯健全会事務所

レスビアン・スナック『青い部屋』従業員御一同

モチロン、全員女性です。

記念写真

浅草の名物コジキで売ったキヨシ氏は、今や浅草はお見限りで、日劇ミュージックホールの高見緋紗子嬢の楽屋に入りびたり。

日活ロマンポルノ『濡れた欲情』主演の一条さんと、ラーメン屋に扮する小沢昭一。(セルフタイマー使用)

見世物・大寅興業御一同

東京ゲイボーイショー こもごも語る

東京ゲイボーイショー

「あのー何て言うのかしら、私は小さい時から踊りをやっていたんですがね、まァ、我々こういう商売で、踊ったり歌ったりする事が好きで、勿論、お化粧する事も好きですね。だけどまァ、何んとなくゲイバーにいたんでは、つまらないんで、何かやりたいなと思ったんです。その時私、ずーっと、ソロでフロアショー踊っていたんですけど、私達が皆んなで、何かグループ作ってやろうよ、と言うのが始まりで、で、大体ゲイボーイと言われると非常に暗いと思うんですよね。何かホモ・セクシュアルとか、こう、男同士のおつき合いするとか、そういう様な感じのものがあって、人に見られて、とってもつまらない誤解を受けたりなんかして、私はそれをまァ、何となく、こう看板かかげて、まァ、ゲイバーにある様な明るいもので、あのそいで、何て言うのかしら、ま、そう、誰が見てもね、楽しめる様な雰囲気のもの、まァ、女性が見ても、男性が見ても。で、まァ、踊りがあったり、その中に歌があったり、コミックがあったり、色んなものがあって、当面は非常に綺麗でいて、最後は男であるっていう事をパッとばらすんですよね。そういうものを三十分位の時間に組んで、普通のパッケージスタイルのショーを一部と二部とやって、とっても面白いんですけどね。あの大体ね、私達ズラッと、何て言うのかしら、今やっているのはね、ネグリジェでずーっと並んで行くんです。まァ、一人ずつ挨拶程度に、踊りをするんです。そいでそれが引込んで、あの、それぞれ皆んなこう、何て言うのかしら、この子はこれだけの躰していて、裏声を上手に使いこなして、私は凄いだみ声で歌って、それを対照的に見せたり、そいから何て言うのかしら、この人はもおー今これ、両サイドが割れているでしょ。何にもパンツはいてないでしょ。それをもう、徹底的にきわどく見せる訳です。そいで、ここまで男で出来るのかというところで、一番最後に性転換の人がヌードをする訳です。最後にその、わっと並んでゴーゴー踊りながら、パッと私がゲイバーにある様な言葉でベラベラ喋りながら、一人ずつ紹介するんです。まァ、例えば、この人はグラマーじゃなくて、ゴリラ風な女であるとか、セックスとボリュームが売物の桃太郎であるとか、そういう様な事を面白く喋りながら、五分位の話にまとめて、一人ずつ挨拶するんです。で、一番最後にパッと、フィナーレ。まァ、二部はもうちょっときわどい雰囲気で、あのパッと、ブラジャーとったらオワンが入ってるとか、パッと取ると何にもないとか、腰巻をパッと捲くると男物のパンツをはいているとか、何かそういうスタイルの感じのね。男をばらす面白さですね。ブルーボーイというものは、大体ね、そういうものであって、今から四、五年前ね、アメリカからリー・レオナルド一行っていうのが来た時にね、そのショーなんかは、結局ね、オッパイ全部出しちゃうんですよ。それがねー、本当にあっと思ったの、それが見てたらね、パッと裏向いたらそこから割れるんですね。それがゴムになっているんです。スーッてやると胸毛が出るんですよ、非常にそれが受けたわけ、ゴールデン赤坂で。私は何かこんなようなもの、それまで豪華にならなくても、そういうセンスのものが出来るんじゃないかと思って、それでまァ、やって見たんです」

ゲイと芸

「あの、私達ゲイの連中というのは、皆んな芸事が好きね。結局、何ていうのかしら、我々は芸事をやっているっていう事で何となく女っぽさが発揮できると思うの。まァ例えば、〝青江〟のママん所で……私は〝青江〟にいたんです。あすこで、まァ、仕込まれてまァ、こういうふうになったって言ったら変ですけど。前から踊りは踊っていましたしね、小さい時から、お稽古事好きで、何ていうのかしら、私は元々、女なんですね、いえ、精神的には女なんです。でも、それぞれね、違った生き方があると思うの。この子達、私よく知らないけど、だから結局、所謂、ゲイバーとか、ゲイボーイであるとか、呼ばれる前に結局、自分がこういう芸事が好きであったし、そうすると自然に、物心ついた頃にやはり、ねえー。

我々は、だから、いわゆるゲイボーイであるけれども、芸の修業の道を通っているわけです。ところが、普通、所謂ホモという人もゲイの一種ですね、それは結局まァ、男性を愛するわけです。私達から見ると、そういうのは本当のゲイボーイっていうんじゃなくて、そういう人達は、少し変っているんじゃないかと思うの。私達は女であると思っているから、男を愛してもいいという感覚があるわけよね。だから、つまり何ていうのかしら、女装しているのと、していないのとあるでしょ。ところが女装しないでいる人もね、実は本当はしたいんだけど、社会的な体面とかね、いろいろあってしないで我慢している。ただ、何かちょっと、チャンスを与えてやれば、例えば仮装行列。会社の運動会の仮装行列。チャンスを与えてやる、じゃ、僕は女になってみようかな、なんて自分から言い出してね、一所懸命やるわけですよ。しない人も実はしたいんだけど、勇気がなくてしないとか、何か環境で出来ないとかいうようなことがあると思うの。だから、ステージに立ちたいとか、何か踊ってみせたいとか、自分を素敵に見せたいっていうのは、男性でもやっぱり、そういう人っていうのはその気持の上で、ゲイではなくても、そういうものっていうものを持っている。つまり、女性的要素――っていうのかしら。だから、俳優にもなり、結局、ステージにも立ちたいという気持になるんじゃないかしら。だから結局、我々は早くから目覚めていたっていうんじゃなしに、分かんない内に出て来たから、こういう社会に。だから後から、たいがいおぼえた人達が、多いんじゃないかしら。年いって、何も女を厭きたから、ホモを愛したっていうんじゃなしに、本当はどこかに潜んでいたんだけど、そこで初めて眠っていたのが目覚めたから、そこで猛烈に燃え上った。でも何か、私よく考えないけど、まァ、いろんな人がいるわけね、私達の社会にもね。だから、それぞれの人の考えが違うと思うんですよね」

転換

「私はね、非常にね、転換しちゃうっていうのは、勇気がいると思いますね。此頃だいぶ転換って流行ね。転換者もだいぶ増えて来て、転換人口――（笑）あの、カルーセル麻紀とか、まだ他に沢山いますよ。あのーやはり、私はああいうふうになること自体は、分かるんですけども、ただ、そういう勇気もないし、やっぱり、こういうふうにしたいわね。やっぱり何か、そこまで。こわいですね。やった方は成功してればいいんでしょうけど、成功しなかった場合ね、体が何か、とっても不安だわ。やっぱり寿命が縮まるとか、何とかよく聞くんですよね。自分の性感帯も又心配だし、性感帯なくなっちゃうんだものね。あのー聞いたんですけど、フランスで、手術したっていうんだけど、そのつまり、性感だけ残して、そいで、あと全部捨てちゃった。今まで凸の性感だったのをね。性感の神経だけのこして凹の中に凸の性感を、全部うめこんで、あるっていうの。日本の手術とね、フランスの手術、違うんだって。でも私は今度フランスに行って手術をしてくるワーとか、非常に大きい事言っているけど。実際には、日本でやっている人が多いんじゃないかしら。あたしたちは四人全部、何処もいじっていませんけど。いじらないで過せるもんなら、何処までやれるか、やって見たい。だってオッパイこんなにしちゃってそのまんまの婆になるのかと思うと、情けないような気もする。オッパイだけは二十代位のオッパイで、腰が曲って歩いてて、どうしようかしらと思うし。だから、これが二十年か三十年先になって結果がいろいろわかって、じゃあの人が成功したんだからっていう、例えば、まァ六十でも七十にでもなった人でも見れば、成程、おばあちゃんで、ふくれているのも、いいじゃないとかね、そういうの見てならばね、又考えもするかも知れないけど、ただされ、今先が読めないのに、それ以上オッパイなんか、自慢するの持っていて、あとクチャクチャになってどうしましょうって思う。それより、そんなムリして手術なんかするより、堂々とネ。あたしたちリッパな人が多いんですよ。むしろ立派だから平気で、相手の男と接していけるんじゃないかしら。これ、小さかったら、誘われても、恥ずかしいから逃げるわ。風呂へも、入れないんじゃないかしら。男性が恥ずかしがるほど、立派な人が、割と多いみたいね（笑）。ある程度、自信がなかったんなら、そういう事、出来ないんじゃないかしら――」

アレ見ただけでイヤ

「二刀流だとか、両刀使いだとかっていうけど、あたしたちだって、決して、しないわけじゃないけど、要するに、どっちを取るって、言われたら、これもまた、当り前か知れないけど、やっぱり若いのと年寄りとどっちとるか、若いのに手を出すと、同じなのね。結局、欲しい者に出していく。欲しい方に行けば、ゲイボーイだったら、まァ、ねェ、不自由なしに、欲しい者が手に入る、配給制度みたいなものですから。時には不足しますけど（笑）。でもね、そうなったらほしくもないものに、徐々に遠ざかって行ったら、しまいには、まァ、チャンスなくなっちゃうものね。そうなると男は恐いわ、薄気味悪いわって、気持が多くなっていっちゃう。だから私達、本当に好きにやったことあるかって言うと、ないわよ。あれ見ただけで、いやなの。肌さわっただけで、いやなの。結局は自由に自分の好きな者が手に入っちゃうから、まァ、自分でやるよりはいいんじゃないかしらなんてネ。私は、そうじゃないかと思うの。大体、こういう恰好していて、殿方を求めれば、普通の女を見て、女というのは、この程度の、華麗さしかないのにゲイボーイでも、これだけ華麗なのかと思えば、全然、興味のない人でも、やっぱり、パッと、初めてきれいなゲイボーイを見ると、もう何となく、抱いてみたいような、雰囲気を持つ場合もあるというわけなんですよね。だから、結局、あらいいじゃない、あなた、一回くらいそういう経験してごらんなさいよ、といって、やっぱり、お酒も入っていれば、そういう雰囲気になる場合もあるでしょ。男性がやってみて、いいもんだったら、女より、いいというだろうし、悪いもんだったら、悪いというだろうし、ねェー、そうだから別に、それほどー。だいいち何ていうのかしらね、女性ほど、腐れ縁というのはないしね。簡単だしね。好きなもんだから、好きこそ、物の上手なれでー（笑）。

我々は皆んな、ゲイバーで働いていたことがあるから、サービス精神旺盛ね。だから、だいたい弁舌さわやかよ。女の人でも、相手を退屈させないだけのものを持ってます。だから例えばショーの中でも、男を好きだという半面、女性も好きだという事を、はっきり見せるんです。両方いけるということを、はっきり言葉に表わすわけです。そうするとホステスの人が騒いでくれる。そうするとお客様は、気持ち悪いよ、なんていって見なくても、何いっているのよ、今日のはすばらしいショーなんだから見なさいよ、とね。矢張、そういうことはあると思うんです。だから、この商売、男にも女にも受けるということを考えないといけないんです。〝青江〟のママとうとうチャームスクールの先生になっちゃったけど、女の子パッと集めてね、女性の女らしさについて、講義を一席のたまってます。あの人、非常に頭もいいし面白いですよね、喋っても。だけどそういう人材は、わりに多いのよ、ゲイボーイには、〝青江〟のママだけじゃなくて、ほうぼうに。とにかく、座持のいいのが。だからね、現代たいこもち、としては、最高のはやっぱり、ゲイボーイじゃないかなんていう人もいるんだけど、座持の良さではそりゃ、大変なもんですよ。男の気持をそらさないのね。この頃の女性は皆んな、わがままってというか、つくさないから。これは、やっぱり好きだからじゃないかしら。我々は、お客様にサービスすることが好きだし、やっぱりうんと楽しんで貰って、それでまァ金銭もからみますけど、商売ですけど、でも結局そういうことに徹するってことじゃないかしら」

女の腐ったの

「私は新潟の在の生れで、農村なんですが、高校出て、すぐこっちへ出て来ました。高校の頃から、体操の先生かなんかにちょっと……。素質が少しあったのね。やっぱり私、女らしいしね、こうー、あれだから。よく子供の頃、女の役させられましたわ。お医者さんごっこには女の患者させられたわ、よく。子供の頃から女らしいから、私よく、女の子とばっかり遊んでいたわ。子供の頃、私とってもお父さんが嫌いだったの。兄弟五人で、男性は四人です。だから女性があたし一人です。それで、大嫌いだったお父さんが、それこそとにかく何か、私と正反対なの。剣道の先生だったもんだから（笑）。剣道六段位で、警察学校の先生やっていたの、昔。私が女らしいから、しょっ中いじめられていたのよ。竹刀でピチピチやられるわけよね（笑）。他の兄弟は皆なしっかりしていて、お父さんはあまり叱らない。私ばかり、女の腐ったのなんていわれて、だからそうすると私、お母さんの方へ移っちゃうの。そいでね、私とってもね、向うの大学も出てたんですよ。だけど飛び出して来たんです。

あのね私、小学校三年の頃最初に男に可愛がられたの（笑）。農村の男の子って、女の子とつきあうの、うるさいのね。田舎っていうのは。だから男の子ばっかり遊んでいるとそん中で、私優しいし、凄く何んか、可愛がるっていうとおかしいけど、いろいろさせられたわ（笑）。何時も解剖されるんじゃなくて相手にやってあげるの（笑）。相手にやらされるわけ、私がサービスするわけ、手伝ってやるわけ。スペシャル専門ね。小学校三年の頃からよく、そうやったわ。中学生頃まで、させられました。私、高校に入って、その時はまだ女の子も好きだったわ。女性にもラブレター書いてました。そいでねえー、高校出る頃になったら、何か三島由紀夫の小説なんか読んでました。『禁色』かなんか。それで何かねえー、そういう素質があるんじゃないかなあと思ってね、そいでちょっとおかしくなってねえ。割と、文学少女だったのね、そいで、ねえー、ジャン・ジュネなんかの小説読んじゃったりなんかして。そいで、その頃体育の先生が凄く好きだった。ラブレター出したりして。だけど、相手にやってやることは、小学校三年からやっていますけど、自分でやるようになったのは、高校入ってからです。でもその頃はまだやっぱり、女性のヌードの写真考えてみたり、男性はあまり考えてなかったみたい。

それはでも、高校二年頃までね。三年になって、私おかしくなってきちゃったの。私以外に、随分三島さんの影響受けている人多いんじゃないの。素質のある人、あの本感激するんじゃない。だから結局私の場合は、全くまだ一回も女性とは経験ありません。童貞なんです。処女はもうないけど（笑）」

やって出来ないことはない

「でも、皆んなやっぱり個人差があるからね。それぞれ生き方はあるわね。でもゲイバーに働いていると、どうしても女のお客さんが多いから、やっぱりそういうチャンスっていうのはありますよね。変な話ですけど、やっぱりスポンサーにつくっていうのはね、女の人が多いんですよね。どうしても、それで求められるわけでしょ。だから私なんか、まあ本当に女のお客さんなんか、どうしようかしらと思う時あるわ。なるたけこっちもベロベロに酔っぱらって、向うも酔わしちゃって、サッと寝ちゃって、目が覚めたら、パッパッて窓も全部開けちゃって、もう何やっているの、早く起きなさいよって、なるたけそういうチャンス作らないように、あれネ。それやって出来ないことない。私、経験があるんですよね。本当のこと言って、あるけども、やって出来ないことはないけど、やる女性というのはやっぱりね。私達がやっぱり、あの男が良かった、悪かったと言うのと同時に、女の子仲間でも言うと思うんです。そうするとやっぱり、まあ、あの子なんか大したことなかったわよって言われた時にいやだしね。だから、やっぱり……。

カルーセル麻紀なんて、どこから見たって女。可愛いわよね。彼女は今、オッパイあるけどね、あれ無い前の男の子の時なんかもっときれいだった。あの角帯しめてね、キュッーとね。もうあの時、私ね、こんな可愛い子、いるのかしらと思った。今、女になっちゃったけど、だけどあれ男だったら、本当に、なるほど、綺麗ですよね」

ゲイバーの系統

「はっきり言って、ゲイバーだったら〝青江〟と〝ヤナギ〟が一番。今、銀座で大巨頭と言われてるくらいだけど、〝青江〟さん系統と、〝ヤナギ〟さん系統と、はっきり分かれますよね。今、〝ヤナギ〟さんなんかは、どっちかというと、歌舞伎スタイルで、日本髪で、非常に綺麗で、まあ、お人形さんみたいな子もいるし、〝青江〟は大体、モダンでそれこそ、あの人もこう、何ていうんですかチョイトお前さんとかね、そういうのが嫌いなタイプの人で、非常にモダンな方だから、やっぱし越路吹雪とか、ああいうのをパッパッとこうね。自分はドレスでも着てね。まあウエストがないもんだから（笑）。でも自分の心理的には、そうよ、やっぱり、若いしモダンね、GOGO踊るしね。やっぱり一つは、若さでしょうね。やっぱり、あの人、あれだけ若いっていうことは、一人でいるせいもあるでしょうけど」

太陽光線はヨワイ

「一番最初に憧れるっていうのは、女の子と同じでね、宝塚とか、松竹歌劇とか、ああいうもの、男装の麗人を好きだと思うんですよ。私はそうだったんです、それも、踊りが好きで。毎日その、とにかく、東京踊りなんかっていったら、毎日でも、朝から晩まで、お弁当持ちで、観に行って、そういうものが、昂じて来て、自分もやっぱり、宝塚に入るわけにいかないし、やっぱり、日劇ダンシングチームとか、東京芸能学校とか、コマ劇団とか、ああいう所、卒業して、結局、そういう舞台に出たいという気持があったの、結局華やかな所で、踊ってみたかった。何処でも、よかったわよ、大衆の中で踊ってみたかった。大体、人に見られる事が好きなのね、見られたいの。恥ずかしいっていう感覚は、あまりないのよ。それこそ、このまんまのかっこうでも、これ仕事なら、行っちゃいますよ、平気で。だけど、そうじゃなければ、まあ、近所の手前ねえ、やっぱり、この辺、越して来たばかりだから。前の所はね、六年住んでいたんです、有名ですよ、私が、どんな恰好して歩いてたって、もう子供も見ないもの。それまで、ならすまで、大変（笑）、隣とか、裏とか、今は、おとなしく、おとなしくね、どうせ、私なんか、昼間は、寝てばかりいるから、夜は、仕事行っちゃって居ないし、大体、私達は、特に、やっぱり、人工女性だから、太陽光線は恐い、弱いわね。この部屋だって、だから特に、こういうあかりで、スタジオみたいで、ちょっと、しめきって、暑くて、申し訳ないんだけど、でもね、やっぱり、夜の設定じゃないと、何としても、話が出来ないんですよね。だから、いつか、何んていうの、モーニング・ショーですか、私、あんなものには、出られないわ、昼間から、とてもじゃないけど、アフタヌーン・ショーの時もね、やっぱり、そういうふうに、何となくね、昼間の仕事って、弱いの、夜中だったら、幾らでも、強いんですけど。よく言われるんだけど、あんた方、人様が来てる時は、あァーラいらっしゃいと、こう来るけどね、皆んなが、居なくなっちゃうと、おう！ 帰《けえ》った、帰《けえ》った、なんて、あぐらバカッとかいてさ、俄然、男っぽくさ、つまり、楽屋では、男っぽく、暮しちゃったりなんかしてるんじゃないかって、いうふうなこと言われるのよ。だけど、かえって、楽屋の方がね、女らしいわね。近所で、聞いてたらね、あら！ お宅、女だとばっかり思っていたら、男の方も、いらっしゃるのね……なんて、ひとりでいる時も女らしいのよ。あの、あたし達、楽屋入り、このスタイルで、ここから、車に乗って、そいでもって、何処でも、キャバレーでも、クラブでも、行っちゃうんですけど。パッと入って行って、お早ようございます。それからショーの衣装に着替えるわけですね。女の子が、いたり何かするとね、まァ、ちょっと、男の言葉で喋ったり、何かするけど、行っちゃうと、普通、女よね、やっぱりね。自然ね。だからね、私、非常に、面白いのはね。やっぱりね、私達、仕事の関係で、地方に行きますね。乗り込みは、全部、男の恰好なんですよ、四人共。全員、スラックスはいて、そいでもって、まァ、メガネかけて、髪の毛、皆んな短い。で、パッと入っていく、私は髭、相当、こわいんですよね。前の日なんか、寝てない時なんか、朝立する時は、疲れているわけ。面倒臭いわ、迎えが来ているわけよね、看板はでっかく、こういうふうに出て、『お早ようございます。あんた誰でしょうか?』なァんてね。この宣伝の写真、先に行ってい るわけですよね、そいでもってね、まあ、そこでリハーサルやるわけです。音合せ、全部衣装つけて、地顔そのまんまですよ。汚ないズボンの上から、ハイヒールはいたり、なんかして、そいでもって、髭面でもってやってる。全部、唖然として、見ていますイが、何んだっていうわけです。バンドなんか、頭から馬鹿にしますわね、行くと、ゲイボー（笑）。もうね、とにかく、バンドなんか、頭から馬鹿にしますわね、行くと、ゲイボーても、昼間のスタイルなんか頂けないですよ。そうしてね、もう私達、割とリハーサルきついんですよね、バンドの人、とっても、いやがるの。いやがるけどさ、私は、譜面が何にも読めないんだから、毎日、この通り、このテンポでやってくれなきゃ、困るのよって言うと、とにかく、何とか、やってくれる訳、まあ、一応、全部、照明も、うるさいから。こういうふうにやりゃ、髭が見えるだの、こういうふうにやりゃ、どうのこうのって、言うでしょ、皆んな、それぞれが、皆んな言いたいんだから、ほいで、言って終ってさ、旅館へ帰るわけ、旅館へ帰ってから、髭をおもむろに剃る、その後、七時頃、楽屋入りして来るわけ、お早ようございますって全然、丸っきり、リハーサルの時は男でもね、その女らしく入って来るわけ、そうすると、この人、誰だったかしら、色々と見るけど、分からないわけよ、びっくりして、唖然とするわけ、そいでも、割と、不親切なのよ、荷物持ってくれたりしないの、随分、不親切の処に来ちゃったね、いいよ、いいよ、ショーが終るまで、待っていなさい。ショーが終りますよ、そうすると、態度がパッと、変るんですよ。非常に親切になるし、ショーを見て、又ビックリという。スタイルでね。だから、そういうのが楽しいの、本当にそうビックリされるのが、楽しいわ、物凄く、皆んなが親切になるの。だから、昼間っていうのは、なるたけ、人に会うのは厭ですね。でも、面白いわね、やっぱし、私達、こういう事が、好きなんだと、思うんですよね。だけど、ただ、非常に、移り気であるから、ショーの仕事が、丁度、合うのね、一カ所のゲイバーに一所懸命に勤めているという事は、あんまり好きじゃないのね、やっぱり、踊りも、変ったもの踊りたいし、何か、常に、新しいものを、今、GOGOが、はやれば、フィナーレは、全部、GOGOにしましょうよって、全部、膝上、この位のはいて、アラ、ごめんなさい。GOGO、踊るしね、そういうふうなスタイルが、やっぱり、好きなんだと、思うんですよね。毎日、いいわよね、違う男に会えてね、違うお酒、飲めてさ、違う場所に行けてさ。こんど、来月の、何時《いつ》からかしら、十一日からね、ホノルルチェーンていって、広島、北九州、福岡、あの博多、長崎、ずうっと、廻るんです、三日間位ずつ。小沢さんといっぺん地方で会いたいわァー、皆んなでゴーチンしちゃいましょうよ」

一条さゆりさんの魂

一条さゆりさんについては、あたくし、『私のための芸能野史』（芸術生活社、のち、ちくま文庫）って本にくわしく書きましたが、一条さゆりさんの舞台を見てますと、もうただ感動です。はじめてその舞台を見た時は、僕はハラハラと泣きました。とにかく彼女は舞台でいろんなことをやるわけなんですが、最初《ハナ》は芝居仕立から入っていきまして、それも公害問題、まず痛めつけられている民衆の一群があるわけ、それが工場に掛け合おうというので、その代表になっていくのが何故か緋牡丹お竜なんです。で、会社側といろいろやってるうちに公害の話はいつしかなくなって、お竜の花札さばきになる。彼女は勝って勝ち抜くんだけれども、それがイカサマだと因縁をつけられるところから急に立ち回りになる。大勢相手がいるという想定でバッタ、バッタとなぎ倒していく。そのうちにいつか彼女は欲情してくるんです。これは何故だかわからない。そのわからないところがまた僕は大好きなんですが、するともうそこに蒲団が敷かれていて、彼女は阿鼻叫喚を現出してマイセルフで慰めるんですね。それが絶頂に達して終ると、静かに眠るわけです。その眠る間、観客はしわぶきひとつたてない。完全な放心状態なのであります。それが相当長い時間ありまして、彼女はやおら立ち上がって、お客のほんとに一人一人に彼女のあかし、深刻なる泉の証拠を突きつけるんです。実地検証ですね。この彼女の巡回マンツーマン・アフターサービスをもってフィナーレとなります。さてお客を入れ替えなければならない。昼間の興行ですと、窓をパーッと開け放つんです。そうすると西日がカーッと照って、今までの暗黒から急に明るい白昼の現実社会に戻るわけですね。それは、お客を覚まして帰らせて入れ替える、劇場側の魂胆です。彼女の場合は客はなかなか帰らない。そうすると彼女は――さっき悶え苦しんだ時、ろうそくともしてタラタラと胸にたらしてたんですが、その蠟が彼女がのた打つために舞台全面に散ってる――それを楽屋から箒を持ってきて、ていねいに白昼の中で掃くんです。掃きながら、そこに残っているお客の一人一人とじっくり話をするわけです。いわゆる人の世のさまざまなお話をですね。いまどきの芸人でね、あんなにお客のことを考え、尽くしぬいている人はいないですね、日本広しと言えども。同業者として涙が出ます、彼女のお客に対する献身ぶりに。

ストリップもつまりは心なんですね。ハートだ。ダスのはみんなダシますし、彼女より踊りの上手《うま》いのも、器量のいいのも、年が若くてピチピチしてるのも、他に沢山沢山いるわけです。にもかかわらず彼女が人気を集めたのは、彼女のハートが演技の一瞬一瞬にこめられて、客の一人一人の、たとえそれが助平心でも、その真情にやさしく丹念にこたえて、客の一人一人に尽くし切ったからであります。客は一条さゆりさんの〝女心〟に泣くのです。

昭和四十七年五月七日。一条さゆりさんは大阪で彼女の引退記念興行を三日残して、警察に逮捕されました。「公然猥褻物陳列罪《わいせつぶつ》」です。ひょっとすると実刑で服役するかもしれません。私を、いや私だけでなく沢山のファンを泣かした彼女の「女心」も「公然猥褻物陳列罪」。あと三日待って彼女を引退させてやる「男心」が警察になかったわけです。

つかまえて行くとき、警察が「なんだ、テレビや週刊誌に出やがって！」と、捨てぜりふをつぶやいて行ったという事を聞きました。また翌る日の新聞にも、大阪府警の言として「……ストリッパーがテレビでいかがわしい踊りを見せるなど、もってのほか……」とも書いてありました。

私はそのテレビも見ましたが（見たというより私はその番組に出ていた。彼女の出演はフィルム部分であった）。あのテレビに関する限りまったく「いかがわしく」はありませんでした。あの番組は御覧になった方も多いと思いますが、いかがわしいどころか、シリアスな硬派の仕上りで、公然と猥褻物は陳列されてありませんでした。

どうもサツのメンツのほうの〝男心〟を刺戟したようです。「ストリッパーがテレビでいかがわしい踊り」の「いかがわしい」よりも、「ストリッパー」ふぜいが、あの「テレビで」のほうが警察には問題であったのでありましょう。

バカヤロウ！
いや、取締るなと私は言ってるんじゃない。むこうもショーバイだ。どんどん取締んなさい。取締りの側と芸能とは、相容れないまま大江戸の昔からの長げェえつきあいだ。
（これもくわしく『私のための芸能野史』に）だけど、あの取締り方の〝男心〟は、
バカヤロウ！

トルコ嬢アンケート

著者注　「トルコ」という名前は、のちに「ソープランド」という呼称にかわりました。他国の国名を風俗営業の名前にするとはケシカランということです。もっともなことでありますが、それ以前の調査結果でありますので、そのままになっておりますことをどうかお許しください。地名なども当時のままです。

私のトルコ嬢への質問
①父母の想い出について
②将来の計画について
③あなたの身の上話
④はじめてオスぺした時の気持
⑤ほんとかうそか、うそだろうけど週刊誌にあった天地真理のトルコ嬢説について

鈴子さん（名古屋市八幡園『夕月トルコ』・29歳・愛知県出身）

①戦争の時、お母さんにおぶさって逃げたことね。お父さんは海軍いってておらんし、小さい子つれて大変だったろうなって思うわ。しがみついてたの覚えとるよ。
②将来は美容院やろうと思ってます。免状もってないけど、やってたことあるし。五年くらいのうちにできるかしら。まだ、たまっとらんわ。コツコツ型だから。
③みんな自分の方からするよ。私、それにあわせて話するの。片親だから苦労したし、トルコは八年おるし、特にウソいうこともないしな。
④してませんよ、そんなこと。ここは健全なんですから。したい人には自分でどうぞって。
⑤そんな人おるかな。知らんわ。別にどうってことないじゃない。どっちだっていいわ。

田沢さん（『蒲田トルコ』・30歳・新潟県出身）

①おとうさんは、性質はよかったですね。だって、近所でも評判だったものね。いまは、七十二だけど、脳軟化症で寝てるわ。心配だけど、おにいさんがついてるから大丈夫ね。あらたまって、記憶に残っていることって言われても、すぐには浮かばないわ。

②将来なんてないわよ。お金もたまんないしね。いま、すぐ下の弟が料理屋をやってる。まあ、飲み屋に毛のはえた程度だけど、弟はよくやったわね。二十三で店を出して、いまもちゃんとやってるしね。あたしは、水商売はイヤだし、まあ、会社員の奥サンになるのが一番いいんだけど、こんな仕事やってちゃダメですね。そりゃ、あたしは、同棲はしたことあるけど、結婚はしたくないわ。男なんて、似たようなものよ。一度裏切られるとバカバカしくなるんですね。友だちには、キャバレーにつとめてるって言いますね。親はトルコにつとめてるってこと知ってるのよ。これ、ほんとうの話です。トルコっても、こんなことやってるとは、少しも思ってないんだな。お風呂屋さん程度だと思ってるんですよ。

③トルコに入ったのは、お金がほしかったからね。ほかに理由はない。ＢＧやって、バーでつとめて、それでも、あんまりお金はたまらないじゃない。お金の必要な理由、それはあなたには言えないです。いろいろ事情があったのよ。ほんと、お金がほしかった。

④オスぺね、どうだったかなあ、もう忘れました。別におどろかなかったよ。あたしは、この世界に入ったのは比較的おそかったでしょ。少しは、男の人のこと知ってましたしね。
⑤なによ、トルコ嬢だったっていいじゃない、天地真理が。馬鹿馬鹿しくて。すぐスキャンダルというと、前歴はトルコ嬢というんですね。まあ、そういうふうに噂する気持はわかるんだけど、つまらないことですね。だからどうだって、言いたいですね。トルコ嬢だって噂が流れても、天地真理の人気はさがらないと思っていますよ、あたしは。

富子さん（五反田『ヘルス東京』・年齢・出身地ノーコメント）

①「ノー・コメント！」プライバシーは話したくないよ。だってアンタに関係ないじゃないさ。そういうこと聞くお客って一番イヤだよ。その代わり私も人のことには興味ないし、聞きたくもない。プライバシーについては何きかれても一切答えないよ。
②ノー・コメント。
③ノー・コメント。
④ワカラナイ、答えたくない。そんなことときいてどうすんのさ。
⑤昔なにやってようがいいじゃない。もし「元トルコ嬢」でも隠すことないわよ。聞いた話じゃ、天地真理の友達が川崎のトルコ嬢にいたっていうよ。それであの辺のトルコに出入りしているところを見られたんじゃない。友だちに会いにいったことがあるって

いっちゃえばいいのよ。ヘンに隠すからカングられてあんなことになっちゃうのよ。私にゃどうでもいいことだけどさ。

百合さん（名古屋市八幡園『トルコあずま』・24歳・岐阜県出身）

①岐阜にいるころ、月一回、家族で毎月映画みにいってました。そんとき、帰りにバスなくなっちゃうんで、三十分ぐらい走るとこ、一家五人で一台の自転車に乗って帰ってました。それが一番の想い出ですね。家は農業。

②もちろん、もってます。でも明日からためはじめる状態なんですよ。引越し貧乏で。ひどい時は年四回も引越したんですから。ちっともたまってないんです。やるんならお茶漬屋です。和風の。いつになるのかしら。

③アタシ、ウソつくのいやだから、みんな話しますよ。本名、現住所以外はね。高校中退したことまでね。みんな、なんでこういう商売入ったかってききたがるけど、手っとり早いからよ。私、東京に三年いて水商売やってましたから。芸者。

④はじめての時は、やり方わかんなくてお客さんに教わりました。別になんとも思いませんでしたよ。芸者で客をとらされてたし。いまはもう、どうってことないですよ。お客さんにあわせてしてあげるようにしてます。あんまり早くいっちゃうんじゃ可哀相だし。でも、三十分ももつ人にあたるとウデいたくなっちゃうんですよ。アァ、しんどい

わあ。
⑤有名になったからって書きたてるの可哀相ね。そっとしといてあげればいいのに。

あざみさん（銀座『三原橋トルコ』・23歳・宮城県出身）

①わたしは、いやだったのよ、この仕事。なんといったって、他人から、なんの仕事してんの、と聞かれたとき、ストレートに答えられないじゃない。恥ずかしい思いをする仕事は、やっぱり、いい仕事じゃないと思う。トルコ嬢になるとき、ほんとに泣いたのよ。泣き泣き入ったのよ。マネジャーからは「あなたにはむかないから、やめなさい」って言われた。でもね、わたしは家庭の事情でトルコ嬢にならざるをえなかったのね。おとうさんは、わたしが高校一年のときに肝臓ガンで死んだの。いい人だったのよ、バカがつくぐらいいい人だった。近所の人だって、きょうだいだって、みんなほめてた。肝臓ガンなんていうと、大酒飲みでタバコ飲みでと思われるかもしれないけど、お酒もタバコもやらないのよ。わたしは、もう休みというとアルバイトよ。女中もやったし、アイスクリーム工場の女工さんもやった。どっちかというと、喫茶店とかいう水商売はいやだったのね。堅い仕事ばかり選んだ。卒業するとすぐ東京に出てきたのね。お手伝いさんやりながら、学校に行って、電話交換手の仕事をはじめたの。ところが、最初は見習いでしょ、給料が安かったのね。それに、おとうさんが死んだとき、だいぶ借金が

あったのね。うちは、引揚げてきたのよ、満州から。おばあさんが力をふるっている家でね、近所でも嫁いびりで有名だった。何度出ていこうか、とおかあさんは考えたらしいのね。ところが、おかあさんも、バカがつくぐらいいい人だったのよ。おとうさんのこと好きだったのかもしれないしね。わたしたち子供が四人もいたでしょ。おかあさんは、いまも元気でやってます。おばあさんだって元気よ。ずいぶん、けんかしているらしいけどね。それでね、わたしが東京でつとめたとわかると、借金の相手が黙っていなくなったのね。少しでもいいから返せといってきたのね。だから、わたしは、トルコ嬢にならなければ、どうしようもなくなったわけね。

②借金を返すことがせいいっぱいよ。月に三十万かせいだって、その何分の一かは、送金しなければならないのね。早く借金払って、まじめな仕事につきたいわ。まだ、あと何年間かも見当がつかないけど。貯金なんて一銭もないのね。仕方ないよね。おとうさんがいないんだもの。

④夢中でなんにもわかんなかったわ。わたしは、男の人のアソコだって最初は、洗えなかった。石けん渡して「洗って」といっていたわ。一年ぐらいたってからね、ダブルなんてできるようになったのは。恥ずかしいという気持ちじゃないのね、ただ驚いちゃって。だけど、わたしは借金のためだと思ってたから、ガマンしたわ。

⑤別にいいじゃない。人間は下積みが長いほどいいのよ。苦労した人ほど、あとになっ

て立派な人になると思うわ。わたしがトルコ嬢だから、そういうわけじゃないけど、ちっともあの人の良しあしにかかわりあうことじゃないのよ。わたしは、他人の足をひっぱる人って好きじゃないな。たとえ、トルコ嬢だったにしても、言うべきことじゃないのよ。そんなこと、おおげさに言う人って、好きじゃない。天地真理という人は、気が弱いのね。あんなに泣いてたじゃない、テレビで。気が強い人ならもっと別な手段に出たはずよ。泣いてる人を追いこむのはいいことじゃない。

ジューンさん（名古屋駅新幹線口『トルコ大銀』・24歳・鹿児島県出身）

①いまはお父さんだけなんだけど、お父さんはお父さんで生きてきたし、私は私で生きてるし、なんにもありません。国家公務員です。

②スナックか喫茶店やりたいわね。でも、五、六百万かかるでしょ。いつできることやら。まだ百万にたりないくらいよ。私は、たべていけるだけあればいいの。

③ウソつくのきらいだから、なんでも話してあげるわよ。学校のことから、どうして入ったか。それから、私、鹿児島でしょ。うまくかわして観光案内から食べ物のことまでガイドしてあげるの。そうは時間ないけど。ここには、手っとり早いから入ったのね。私、パチンコ屋にもいたし、バー、キャバレーいって、ここにきたの。

④せまってくるのはいるけど、まだ一度もしたことないんです。

⑤そうね、可哀相といえば可哀相ね。過去になにしたっていいはずなんだから。でも、してたんならしてたでいいじゃないの。もし、ホントなら泣くこともわめくこともないわね。何も悪いことしてるんじゃないんだから。

薄雪さん（大津市雄琴『トルコ白雪』・25歳・東京都出身）

①私、父知らないんです。生まれて三カ月で死にましたんで。お母さんには心配させたくないということだけで、特に想い出ってありません。義理の父親にぶたれそうになった時、よくカラダの中に入れてくれたのを覚えてます。

②きまってます。商売したいですね。結婚はしたくないんで、ぜいたくじゃなくて、ゆとりのある生活ができるようにしたいんです。喫茶店でもスナックでもいいし、食べて、少しでも残るていどにできれば。目標は一千万ですが、まだ全然。毎月十万でも二十万でも定期にしとけば、いざというとき借りられるでしょ（そういいながらテーブルをタタク）。今年いっぱいはかかるでしょうね。

③そんなにききませんよ。十人のうち一人ぐらいね。きかれたらホントのことはなします。高校でてから会社づとめして、また学校にいって途中でやめてクラブで四年。トルコまだ一年やってないんです。会社？　知らない人いないくらい大きいとこですよ。その本社の事務係です。

④ウハッ、はじめてって、私、ぶっつけ本番だったの。耳できいてはいたけど、あがっちゃったのね。乳液つかうの忘れて、相手、いたがってハッとして。いまはようようプロになれました。
⑤もし、彼女が歌手になるためにトルコで働いたんならえらいわね。目的のためにその道に入ったんなら立派よ。現在だからって書かれるの可哀相だけど、どこか知らないとこいったら知らないことですんじゃうんだから、やっぱり可哀相じゃないわね。

桂さん（名古屋市中村『トルコ・ブラジル』・21歳・大阪府出身）

①想い出って、貧乏だったことくらいね。家は農業。いまはお母さんだけ。ここにいることいってませんよ。いつか、白浜で二カ月ほど芸者やってて、お父さんにすごいおこられたから。内緒でやってたのみつかっちゃってね。
②やっぱり、喫茶店かスナックか、店もちたいわ。五、六百万かかるでしょ。まだまだ半分くらいかしら。二十五までにはなんとかしたいわね。
③うーん。あんまりしないわ。お客さんの方のはよくきかせてくれるけど。それ、よくきいてあげるの。話はみんなあわせるわよ。
④私、大阪で遊んでたからなんとも思わなかったわよ。ただオスぺって言葉の意味しらなかったの。だから、最初はお客さんに教えてもらったの。いまはどうってことないわね。

⑤そんな人いたかしら。うちテレビみんし。どっちだっていいわ。

田鶴さん（大津市雄琴『東京トルコ』・27歳・岐阜県出身）

①いまは母だけやけど、父にはあるわ。そや、お金にきたなかったな。家は裕福やったけど、ガメツクて、そやな、おかずでもグズグズいうてな。いい意味の合理主義や。おかげでいま私が合理的やで。父は障子紙の紙工場やってました。

②やりますよ。あと四カ月で目標いくわ。いくらて、ウフフ、いまは月百万が目標です。将来は名古屋にいきます。いま喫茶店もっとるけど、今度、美容院やります。

③たいがい、なんでトルコ入ったってきくわな。ほとんど、適当にこたえてます。その時でいろいろに。学校も適当やな。私、ホントは、商事会社でBGしとったんや。亭主も子供もおるやろうってポンといわれると、こっちもカチンとくるわな。そん時は、こっちは亭主も子供もおらんけど、太いロープついとるで、いうてやるわ。

④私の場合、BGからいきなりやったから無我夢中でした。お客さんから、こうやってやるんだよって教えてもらったわ、たしか。ただ動かせばいいんだって。一カ月もしたら自分のしやすいようにできたな。いまは、若い人だと長びかせるようにしてあげるわ。早い人だとホントに三こすり半だし、ひどいのは洗ってるうちにでちゃうしな。もっともそういう人は、またすぐタツわ。

⑤やってたと感じたな。でも、私自体としては、前がどうであれかまわんと思うわ。堂々としゃべってもいいんじゃない？　ただ、人のとり方考えると、良識的にいうなら、なるべくかくした方がいいとも思うし……。自分の立場で考えたらかくすし、ま、バレたら話すわ。

摩美さん（大阪市上六『上六トルコ』・29歳・愛知県出身）

①両親ともいないの、十九の時から。うち、電気工事屋してたんだけど、一人っ子だからなんでもしてもらえたわね。そう、お父さん、母親にやさしかったわね。やけたわ。ベタベタ、ムードで。

②いちいちまようけどね。あのね、二、三年前は何か商売しようと思ってたの。手芸の店。これなら二、三百万でできるけど、ムリだとわかってやめたの。女一人でお金運用するのむずかしいのよ。それくらいはたまってるけどさ。だってここに五年いるんだもん。いまは、早く結婚したいわ、世の中にトルコなんてあるのってな顔してさ。三十二、三歳のサラリーマンでも商売人でもいいわね。健康でお金もってるだけじゃダメ。ハートが通じなきゃ。そりゃ、ここにいても、誘惑もされるし、デートもさそってくれるけど、男の人ってやっぱり家庭を大事にするでしょ。妻の座にまさるのないわ。

③大体、トルコに入ったふつうの人とはちがうのよ。私は、両親と別れてからオジのと

こへいってて、そこいられなくなってトルコに入ったの。ホントは、友達のとこたよっていったら、その子がトルコ嬢だったのよ。原因は処女喪失ね。まだ学校いってたの。だから他の商売しらないのよ。トルコ道一本。きかれたことはウソはいわないわ。名前と住所以外は。よく仲間同士が「だれそれさんにどんなこと話したっけなあ」なんて話してるのきくけど、そんなことになっても困るしね。

④エス・ピー？　それはよそにいたときはじめてしたのよ。私そのころ男の人そんなに知らなかったしさ、お客さんに教わったの。いまは別よ、だってトシ考えて（男の数）。だれだって入った時はなんにもしらないのよ。講習会があって教えるなんてウソ。最初はお客さんが教えるのよ。たしか、でてくる液体が気持わるかったわね。あんなもんあんなとぶとも思わなかったし。私の場合、四十くらいのおっちゃんだったからよかったのね。でも、これがサービス料につながるんだと思ってやったわ。いま？　ウーン、ゴールド・フィンガーよ。

⑤うそよ、もしほんとでもなんてことはないわね。でもそういうことって書くことじゃないでしょ。

泉川さん（横浜市中区『徳川』・26歳・新潟県出身）

①一人娘だからお父さんが可愛がってくれてね。四年前六十三歳で死んだけど、私が殺

したようなものなのよ。私十九で親のすすめる人と結婚したんだけど、それまで結婚するとアンナことするとは思っていなかったのよ。アレがイヤでイヤで……第一不潔だと思った。それで私の方から離婚してくれって頼んだんだけどね。向こうがイヤだっていって一年半位ゴタゴタしていたわ。高血圧で体の調子が良くなかったお父さんは心配してね。とうとう心筋梗塞で死んじゃったのよ。私のセイだと思ってる……母さんは田舎で元気よ。兄弟は三人。私は真ん中で、兄さんが田端でバーを経営してる。弟は東京の大学に行ってるわ。離婚してすぐ兄さん頼って上京したの。そこで一年位お店を手伝っていたのよ。ある日寝っころんで週刊誌を読んでたら「華麗なるトルコ嬢の生活」とかいう記事があってね。お金がウンと儲かるらしいし、その頃トルコでもアレやるなんて知らなかったのよ。お金が欲しくて浅草の吉原ではじめたけど最初の二カ月はイヤだったから絶対アレはしなかった。でもいいお客さんがいてね。その人に教えてもらったのよ。サービスの仕方をね。いまは好きになったけどさ。

②今年いっぱいでこの仕事はやめるつもり。上野あたりでサラリーマン相手にこぎれいな割烹をやるつもりよ。権利金、改装費なんかで五百万円ぐらいかかるんだけど貯金もできたし、いつまでもできる仕事じゃないからね。そろそろ退き時だと思うのよ。二十二でこの世界に入って、途中で半年ぐらい遊んでいたから、この稼業は三年半ぐらい。結婚は考えていないわ。一度失敗してるし、一人の方が気楽でいいのよ。でもさ、私も

女だからね、一生独身かどうかはわからないけど……。
③さっきの話はみんなホントよ。
④イヤだったわ。それがイヤで離婚したぐらいだもん。
⑤「なにさ」と思ったね。「元トルコ嬢」なんていい方は馬鹿にしてるんだよ、元トルコ嬢だって構わないじゃない。隠すことないわよね……私も母や兄弟にはトルコ嬢やってるって言えないけどさ……。噂じたいが職業差別よ。

三条さん（広島市弥生町『トルコ歌麿』・27歳・岩手県出身）

①お父さんもお母さんも小さい時亡くしちゃって。裕福じゃなくて修学旅行もいけなかったわね。両親とも病気だったのが想い出されます。いまお墓つくってあげたいだけで。
②やはり、お店もちたいんです。ちょっと、そこらにないようなありふれてない喫茶店。一人じゃとても大変なんで、友達とやる予定です。あと一年がんばって。家買ったから、それ担保でお金借りられるし、なんとかなるでしょ。ただお金持っててても信用つかないし。
③最近のお客さんはきかんね。どうして入ったの？　ってぐらいで。貧乏でお金ほしかったから入ったのよっていうの。トルコはもう六年やってるの。東京からきたんだけど。みんな、背は低いけど均整はとれてるねっていってくれるわ。
④はじめてしたのはトルコに入って二年目。お客さんに教わったのよ。私、全然男の人

知らないでやったんで、なんでこんな液体がでるのかなっておどろいたのよ。バカみたいね。いまはもう……。

⑤元トルコ嬢だからってどうってことないでしょう。別にかくすことないですよ。全然、可哀相じゃないわ。

寿美さん（神戸市福原『ニュートルコ新東洋』・26歳・香川県出身）

①お母さんは五つの時亡くしたし、お父さんは十歳の時死んだの。覚えてないわね。着物のスソひっぱってムリいうたことくらいね。世話ばっかりかけて……。

②身についたこと活かしてやろうと思ってます。関西で。三十までにはなんとかしたいわね。目標？　まだ半分。

③いろいろありますってボヤかすだけ。

④最初はなにもしらんでビックリしましたよ。子供と一緒で（？）。ただ、なんかわからんでして……。

⑤うそやろうけど。そら、みな生きていくためにすることだからかまへんやないの。先よければ過去どうでもいいじゃないかと思うけどね。人、めんどうみてくれんし。

田代さん（池袋・27歳・東京出身）

①うちは五人きょうだいよ。男二人に女三人ね。父親も母親も健在。そりゃ、オヤジさんはきびしかったね。学校のことでも、家のなかのしつけでも、こまごま言うタイプだったよ。それが証拠には、男のきょうだいは、みんなおとなしく育って、いまだに親と一緒に暮しているよ。女のわたしが、ハタチになったら家を出て、サッサと独立してるのにね。オヤジさん、怒ったわよ、わたしが家を出ると言ったときには。だけどね、わたしは、昔から変っていたのよ。気が強いし、自分でこうと決めたら、絶対にひかないもんね。いまじゃもうあきらめてるよ。

②この道五年、だいぶお金もたまったよ。一千万円ためるなら、真剣にやれば三年ね。この道はある程度若くないとやれないわけよ。わたしも、あと一年といったところね。料理屋を出す予定よ。繁華街がいいんだけど、二千万ぐらいないとダメでしょ、ちょっとはずれたところから、始めていくよ。それに、結婚もしたいな。わたしは、どっちかというと、シャッキリしてるタイプでしょう。男まさりなのね。おとなしくて、あまりしゃべらない人がいいと思うね。プラスとマイナスがうまくいくと思ってるんだ。

③わたしは、高校出て二年はＢＧをやってたよ。ここまでは、親元から会社に通っていたね。それから、友達にすすめられて水商売に入ったわけよ。ＢＧから水商売に入るの

は、たいへんなことなんだ。清水の舞台からとびおりる気持だったね。バーの女、飲み屋の女といわれるのは、ふつうの子なら、たまらない屈辱なのよ。そのへんの気持が自分で納得がいけば、トルコ嬢になるのなんかなんでもない。人間には欲があるんだ。お金が少したまれば、もっとためたくなる。お金のことを考えれば、トルコ嬢が一番いいのよ。

④恥ずかしいもなにもないよ。わたしは、水商売に入ったときから覚悟ができていたからね。

⑤あの子は、トルコ嬢はしてないよ。トシから言っても、トルコ嬢というには不自然だよ。だけど、あんな噂はつまらないことよ。どうだっていいことよ。なんなら、わたしとおなじ金をかせいでみな、といいたいね。ボーリングだって女子プロと言われる人は、一部を除けばせいぜい二、三百万しかとらないだろう。女の商売としては、一番のかせぎ頭よ、この道は。そんなにひけめを感じる必要はないよ。そりゃ「わたしはトルコ嬢をやってる」とは公言できないけどね。

高瀬川さん（広島市薬研堀『トルコ姫』・24歳・熊本県出身）

①悪い子だったから苦労かけたわ。高校までね。自分じゃ納得して行動したんだけど。両親とも健全。でも、親は親。海運業やってるの。やはり母の印象が強いわね。とくに

覚えてることないんだけど、なにか悪いことするとすぐ母の顔うかんだし。入学祝い、誕生祝い、卒業祝い、きちんきちんとかならずなにかくれてました。いまは勘当の身なんですけど。
②お金ためたいわね。まだ、これからよ。若いから年寄りみたいなことというって笑われるかもしれないけど、四十になったら笑って生活できるようにしたいのよ。ショッピングしたり、旅行したり。やるんならトルコね。人件費かかるわけじゃないし。三十すぎたらやるつもりです。まだ二割しかたまってないからこれからが大変だけど。
③私、お金ほしいからトルコにきたの。前、東京で大人のオモチャ屋してたんだけど、失敗してさ、それが動機。表にスケべったらしい顔して立ってるわけいかんでしょ。あの商売も大変なのよ。
④なんかもうビックリしちゃったよ。よく男性のカラダすみずみまでみたことなかったしさ、よくみせられたらゲッソリしたわ。最初、感覚わからんでお客さんの顔にかかっちゃって。いまは余裕できました。男の人のモノにもいろいろあるでしょ。先っぽがいいとか、肛門に近いのがいいとか、それより乳首が感じるとかさ、ご要望に応じて。
⑤その人もその時点では考えがあったんだろうし、過去をバクロするのは可哀相ね。人間、だれしも知られたくないことあるし。いくら知る権利があるったって。

ヒロミさん（新宿『高田トルコ』・24歳・静岡県出身）

①③おとうさんは、もう十年前に死んじゃったな。だから、いまはおかあさんだけ。おとうさんは貧乏絵描きでね、東郷青児なんかと一緒にやっていたのよ。もう、絵しか能がないの。おかあさんは、まあ、教養があるっていうのかな、教員やっていたのよ。だけど、いまの教育ママじゃないよ。あたしは、五人きょうだいの末っ子で、一番グズなんだけど、勉強しろ、なんて一回も言われなかったな。おにいさん、そう長男ね、これは勉強ができたのよ。大阪の方の医学部に入ったのね。この人のため、あたしたちは、みんな犠牲になったよ。ちょっと絵が売れておカネが入ると、すぐ、おにいさんに仕送りでしょ。ほんとにひどい生活してたのよ。遠足だって行かなかったときがあるよ。次男、三男のおにいさんなんて、大学にやってもらえないんだ。そうしたらね、親の期待というか、家族の期待にそむいて、おにいさん、学生結婚しちゃった。相手は、宝塚の踊り子さんよ。胸はボインだし、足はスラリだから、まいっちゃったのね。このときは、おとうさん、おこったね。そんな商売の女に息子をやれるかって、大反対なの。おとうさんについていえば、このときのことが一番印象深いね。いま、おかあさんは、このおにいさんの嫁さんとおりあいがわるくて、わたしと一緒に住んでるの。おかあさんは、わたしがトルコにつとめてるの、知ってるのよ。だけど、そんなすごいことやっている

とは思っていないのね。「おつとめしているところへ、にっころがし持っていこうか」なんて言うのよ。

②二千万円貯めて家を建てるのよ。まあ、あと三年あればだいじょうぶね。また、こんども指名してよ。瓦の一枚にでもさせてもらうわ。もちろん、そのときは結婚しているよ。

④オスペは先輩から教わるのよ。先輩といっても男の人よ。だから、もう、お客さんとはじめてやったときは、そんなに特別なかんじってなかったな。汚なくなんかないよ。こっちは、おカネをもらってるんだもの。

⑤天地真理がトルコにいたっていいじゃない。わたしのカンじゃ、あの人は、トルコで働いていたと思うね。まだ他にHだって歌舞伎トルコにいたんだよ。人間は、いまが一番大切なのよ。そのときに、一番いいところにいれば、それでいいのよ。天地真理だって、人気歌手になって成功したんだから、成功したというのが尊いことなのよ。誰だって、成功するまでには苦労があるものよ。歌を習うとかオーディション受けるときには、ものすごいお金がかかるっていうじゃない。そのお金かせぐためにトルコに入ったんでしょ。下積み時代のことを言ったら、人間キリがないよ。森進一だって、あれはきっと子供生んでると思うよ。だけど、そのこといまの森進一はあんまり関係ないものね。

千代さん（川崎市堀之内・和風『羽衣』・25～28歳らしい、山口県出身――一応標準語で話すが、アクセントに相当山口（？）弁が残っている）

①③六つの時、小学校の一年か二年の時に、何で怒られたのかよくわかんないけど、お父さんにいきなり海に放り込まれたの。父は頑固で厳しくしつけたから、一日中押入れに閉じ込められたりしたわねえ。その時、あたしも負けん気が強いから沖の方へ泳いでいったの。そしたらお婆さんが心配しちゃって、お父さんが伝馬船で助けに来てくれたわ。あたしは速くはダメだけど、ゆっくりだったらずいぶん泳げるのよ。小学四年の〝臨海〟でAとかBとか泳げる順にクラスを作った時、一番泳げる組に入ったわ。

お父さんが好きなんで、四つぐらいから日本舞踊を習ったわ。お婆さんがいつもついてくるの。全然遊べなかったわ。ちょっと遊びに行こうとすると、「どこいくの！」っていうから「ちょっと外へ遊びに行ってくる」っていうと「十分だけだよ、十分たったらチャンと帰っておいで」っていうんだから。中学三年まで、毎日二、三時間習いに行ったわ。高校の受験でやめちゃったけど、もう少しで名取になる所までいったわ。もうあきあきしてたし、名取になる時、舞台で着る衣裳とか何とかで百万くらいかかるしね。あと、珠算とか、お茶、お花ひと通りは習わされたわね。一応、全部免許とったわよ。将来何かで食いっぱぐれたら、先生して食べていけると思って。（芸者でもイケルと思いますよの問いに）あたし、芸者ってあまり好きじゃないの、枕芸者なんて、どうしようもないけど、あたしのいうのは本当の芸者よ。

お父さんは商売してて、お母さんも手伝って、しょっちゅう出掛けてたから、お父さんの煙草一本か二本くすねてよく喫ったわ。あたし煙草のヤニの匂いかぐのが好きなの、中学三年の頃から喫ってたわ、でも外では絶対喫わなかった。若い頃はよく遊び回ったわ。酒、煙草から花札、麻雀、競輪、競馬、競艇、賭け事は一通り全部やったわね。どうして覚えたかって？　それは言えないわ（と手を前に出し、手錠をかけられるポーズを示す）。でも、友達にそういう所紹介して貰っていったわ。だから今はもうあきちゃって何にも楽しいことなんかないわね。男苦労も散々したし、でも別にこういう仕事につくのは何でもないの。とりたてて理由なんかないわね。ホストクラブなんかもよく行ったけど、男と女とじゃ面白いって思うのが違うから。男はおさわりとかこんなのがすきで、ヤレると面白いんでしょ。あたしはわあーわあーいって、ゲラゲラ笑わしてくれるのが面白い。あたし、子供が割と好きなの。だから、あたしは食べないんだけど、お菓子やなんか買っといて、子供に遊んで貰うんだ。子供もよく知ってるの、あたしがお休みの時を。朝からおネエちゃんって来るわよ。おばちゃんっていったら怒ってやるの。多い時だと十人位、あたしの部屋に来るわね。でも最近家具全部買い換えたの、冷蔵庫とか。だから子供がタンスやなんかに傷つけようとすると、あたしは怒ってやるの。お尻なんか叩いてやるの。子供って、自分で悪かったと思ってる時は叩かれたり、手の甲をつねられたりしても泣かないわよ。親がいるとワァーって泣いちゃうけど。あたしはいけないことはいけないって怒ってやるの、それ以外のときはいろいろかまってやるけど。仮面ライダーだとか相撲とかをしてやってわざと「参った」って負けてやるの。今日、妹がくにへ帰るっていうんで送ってきたけど、みやげ代だけで二、三万かかったわ。あたし四人キョーダイ（全部女）の長女なの。妹が一人こっちで美容師やってたんだけど帰るっていうんで「それじゃ帰んなさい」って帰したの。うちじゃあたしがトルコで働いてるって知らないんだけど、帰るという妹に知られちゃったんで、口どめ料高くついたわ、帰りの汽車賃にみやげ代、お父さんにはライターと煙草入れにパイプ、お婆さんとおばさんにはぞうり、あまり高いもんじゃないけどおみやげにしてやったわ。年に一回位帰るんだけど、お父さんは「お前何してんだ」って聞くから「デパートに勤めてる」って答えて、「何やってんだ」っていうから「雑役よ、いろいろやるわ、レジもやるわ」ってごまかしてるの。でも年とって気が弱くなったから、今じゃお父さんの前で酒はのむし、煙草はスパスパよ。「おい、一杯のむか」って言ってくれるぐらい。時々はお父さんを飲みに連れていってやるわ。お母さんのいる前じゃ「バアに行こう」なんて言えないから、「お父さんデートに行こう」って出るの。最後はお父さんにお金払わせるけどね。あんまり根掘り葉掘り聞くんじゃないの。他人の家庭のことなんかどうでもいいのっ！
②あたしは別にどうでもいいんだ。親をみるつもりはないし、だっていつかは自分もそうなるんだから。それにお金ためたってどうってことないし。あたしはパッパッてお金使っちゃうから、残ってもいない。まあこんな商売はあと一年位でやめて、それから結婚でもするわ。（それじゃ、いい人がいるの？　の問いに）バカねえ、いるわけないじゃない。仕事やめてから見つけるの。それまでに結婚してからの道具一式買える位貯めといて、それから子供十二人位作って野球のチームでも作らすかな。
④あたしねえ、男の裸ってあまり見たことなかったの。アレの時裸でいるのと全然違うからね。それで初めての時恥ずかしくて恥ずかしくて男の裸みるのが。男性自身についてては何とも思わなかったわ、あたしは。ついてるもんでついてればそれでいいの。
⑤へえーっ、そう。でも他人のことなんかどうでもいいじゃない。別にトルコ嬢をしたって悪いことないじゃない。でも聞いたことないなあ、多分。天地真理はここ（川崎）じゃない『徳川』で働いていたっていうけど。

小鹿さん（大宮市・和風『大宮御殿』・23～25？歳・藤沢市出身――訛りの全くない極めて丁寧な標準語、鼻に抜けるウッフーンという甘い声を連発する美人、教養あり）
①あたしねえ、自分の事を話すのとても嫌なの。自分の身の上なんか話すのに興味が湧

かないの。この仕事に入るまでは、この仕事に入ってからまだ一年たたないんだけど、ごくごく平凡なＯＬだったわ。ネェーン、もうおしまいにして……。あまりいろいろ聞かないで、ここを出たら、ここのことなんかキレイに忘れてしまいなさいよ。
②今のところ、結婚なんて考えてもいないわ。あまりする気もないわねえ。そりゃずーっと先はどうなるかわからないけど。あなたいろんなこと聞きたがるのねえ、ジャーナリスト？　この前いらっしたジャーナリストの方がいってたけど、「週刊誌に書いてあるのはオーバーで嘘っぱちさ」って。
④この世界へは、自分でちゃんと割り切って入ったから、最初の時、別に何ていうことなかったわ、何とも感じなかったわね。しばらくしてからの方がよけいにいろいろ考えるみたいよ。男って汚らしいとか醜悪だとか。あたし今でもそう思うわ、ウフフフ……。
⑤えっ、あらそう。あたしはああなる（マスコミにもてはやされるスターの意）つもりも、そういう事に興味もないから、知らないわ、知りたくもないわねえ。別にそんなことどうでもいいんじゃないかしら。

宮さん（横浜市・和風『千姫』・23歳・盛岡市出身――東北弁の名残はないが何かおかしい標準語を使う）

①お父さんは初め、不動産屋をしてたんだけど、貸ビルを始めたの。八階だてで、一番上は見晴らしのいいレストラン喫茶よ。お父さんは酒も飲まない真面目な人だったんだけど女遊びに凝っちゃったのね、それでお母さんと別れて、あたしはお母さんのとこ、お兄さん（二人兄妹）はお父さんに引き取られたの。でも籍はお父さんの所にあったわ。あたしのは。お父さんが子供は渡さないっていったの。お母さんは、慰藉料っていうの、とにかく、お父さんのビルの一階、二階を貰って割烹を始めたの。あたしは高校卒業してからお店を手伝ってたの、レジを。二年位やったかな、その間はよく遊んだわね。仙台のドムさんて、こんど金持になった人いるでしょ。あの末っ子、知ってるわよ。仙台のドムっていうコンパによく来てたわ。あの頃はそんな人って知らなくて、ただ金持の坊ちゃんだと思ってたけど。仙台っていう所はたいていが土地持ってるのよ、田んぼとか、山とか畑を。だからほとんどが中流で、あんまり貧乏人ていないのよ。二年間、お母さんの所手伝っているうちに、マンション借りてしたい放題のことをしてたんだけど、ある時、もっと自由気ままにやりたくて、その頃、よく店に来てた坊ちゃん、坊ちゃんした人に「東京へ出たいんだけど、一緒に行かない」って電話したら「行くから、チョット待っ

てて」ということで、あたしは二、三着の着物と、お母さんからまとまったお金を拝借して、黙ってね、もちろん、その人の車で鬼怒川温泉に一泊して東京に出てきたわ。彼は三鷹におじさんがいて、そこにとまってたけど、あたしは一日五千円位のホテルに一カ月位住んだの。その間は遊び回ったわ。そのうち、川崎にいた友達に紹介してもらって、トルコに勤めたの。ある程度して、全部彼には内緒にしたままで、川崎にアパートを借りて、一応家具を入れといたの。彼には電話番号も住所も勤めも秘密にしておいて、生活のメドがついた所で「悪いんだけど、これで別れましょう」って別れて、それっきり。あたしも昔はずる賢かったけど、今はもう直ったから安心して。トルコに勤めだして、二年になるけど、何か今年一杯でやめそうな気がするわ。あたしってだいたいあきっぽいの。半年もすると仕事にあきちゃって、二カ月位遊んじゃうの。それで貯めたお金を使い果して、またトルコに勤めるという繰り返しをしてきたから、お金あんまり貯まらないわ。でも、お母さんがトルコ嬢になったと知ったら腰抜かすだろうね。あたしは見栄っ張りだから友達にも知られたくないわね、この仕事のことは。やっぱり嫌ね、お母さんにも絶対言わない。

②③そうねえ、美容院でもやりたいわ。盛岡の友達で美容師の免許持ってる子がいるから、あたしがお金だして共同経営でもしようかしら。隣りに喫茶店でも開いて。一千万円位貯めて、あと一年位で貯まると思うけど、今はないの。この頃やっと考え始めたん

だから。でもなんか今年一杯でやめそうだな、そんな予感がするわ。そしたら足らない分はお母さんに借りるわ。お母さん、五十一だけど、三十八位にしか見えないわ、水商売してるから。陽気で、板前（これが凄い男前なの、夏木陽介みたいに彫が深くて）それに店の子達と一緒だとまるで〝マンガ家族〟みたいで面白いわよ。あたしも女だから結婚したいわね、いつか。こんな商売してると時々妄想が起るの。そんな時屋上に出て、ポーッと景色みたりするわ。

④あたし（トルコに勤めだした時）処女じゃなかったもん、何ともなかった。ただ男の人の体でオチンチンだけは洗えなかった、恥ずかしくて。それとあたし、こらえ性がなくてお客さんが一枚一枚脱いでいくのがおかしいもんだから、にやにやしてて、お客さんに「何がおかしいんだ、気持が悪いからやめてくれ」ってよく言われたわ。

⑤あんなの嘘に決ってる、そんなことあるわけないでしょ。川崎の『徳川』が出来た時にいたっていうんでしょ。あれは三年前の話よ、今彼女いくつだと思う？　20歳よ。三年前の時は十七でしょ。勤められる筈ないじゃない。こういう所は戸籍やなんかうるさいのよ。本籍地の役所へ本人がいるかどうか問い合せるんだから。勿論○×商事みたいな名前で、トルコということは言わないけど。

美智子さん（渋谷M温泉・38歳・埼玉県出身）

①両親のことより、わたしは二十歳で結婚。女の子一人生れて二年で離婚。お父さんとわたしと子供の三人ぐらし。洋裁が趣味でドレスくらいつくるわよ。

②子供は十八よ。女子大のデザイン科に行ってます。卒業したら、五十坪くらいの土地買ってやって、小さな教室つくって、子供にデザイン教えさせる。その資金つくるため、もう二年くらいこの仕事やるわ。

③夫と死に別れて、母と娘を養うためにがんばってる、というけなげな未亡人と思ってもらう話するの。

④十年くらい、男のこと忘れてたから、エーイ、金のためだと思ってやったら、こっちもけっこうぬれてたわ。

⑤ウソでしょ。人気あげるためのPRと思うけど。

都さん（吉原千束町『トルコM』・25歳・大阪府出身）

①お父さんは出稼ぎで、一年のうち三カ月くらいしかいてません。お金も送ってきいへんかったさかい、お母はんがウチの近くの食料品工場で、朝早うから夜の九時ごろまで残業してウチら養うてくれた。おバアちゃんが世話してくれたけど、死ぬ前、「お前は親にかもうてもらえず、可哀相な子や」いうたの覚えてる。

②いま月に二十五万円くらい稼いで、出ていくのんは十五万円くらいや。定期（預金）

に三百五十万してあるし、あと三年で五百万にしたら、関西に帰って、おにぎり屋したい。

③そやなあ、定期の話したら、お客さん、目ェ光らせはるから、えらいはげしい失恋して男にダマされた、もう男は信じられへん。働く――こうして、男のナニ、コスらせてもらう仕事だけが楽しみや、ということにしてる。

④前、喫茶店のウエートレスしてたとき、学生（おない年）と同棲してたけど、こまかいテクニックは知らなんだ。はじめてのときは、店長に教えてもろたやり方で、中年の酔払いやったけど、二十分かかって失敗。つくづくムツかしいもんやなあ、と思うた。

⑤ウチかて、コースさえまちがわへんやったら、そうなってたかも知れへん。大いに、エエこっちゃ。

よし江さん（甲府市『トルコ三松』・23歳・愛媛県出身）

①建築業をしていた父は、高校一年のときなくなりました。母は調理師、いまでもやってます。わたしも、高校出て調理師学校に行ったんですが、母が学校にやってくれたんです。尊敬してます。

②自分のできる範囲で勉強したいです。人間くずれないように。お金ためて、語学の勉強して（英語）外国に行きたい。貯金は月五、六万ずつしてます。

③ムリに自分を可哀相にせず、ふつうの女の子みたいなこと話します。演技といえば演技になるけど、自分を印象づけるように、あたりさわりのない話を相手にあわしてする。
④やっぱり恥ずかしくてどうしようもなかった。最初は見ることができませんでしたね。
⑤そういうことに対して、一歩外に出れば偏見あるけど、あたしたちのワクからみれば、ちっとも恥ずかしくない。あたしたちにも、チャンスあって別な道で生きたら、かくしたがるでしょうね。要するに、皆んな精一杯生きてるんです。いつまでもキレイごとは言ってられませんから。天地さんは、気にしないでがんばってほしい。あたしたち応援してますから。

吉野さん（池の端『J』・24歳・島根県出身）

①父は漁師で、いつも網をつくろってました。天気がいいと、「人間は、おテント様に照らされてるときが一番しあわせなんだぞ」って。蒸発したお母さんのこと「コソコソかくれて暮してる、可哀相なもんだ」といってました。「地面に足をつけて」いうたの覚えてるけど、あたしは「お風呂場に足つけてる」わ。アハハハ……。
②でも、あたしゃ、今ジャンジャン稼いでるんだから。いいときゃ、日ゼニで四万くらいよ。男は毎日大勢見てるから、屁みたいなもんよ。お金貯めて、小田島さん（トルコ嬢から身をおこし、いまA市でトルコ三軒経営の女傑）みたいになりたいのよ。

③相手見て、若い人向き、中年向き、年寄り向きに分けて話すわ。ほんとのこと言ったってしようがないからね。話してるうちに、そんな気（話の中の主人公）になってくるわ。

④前、バーのホステスやってたから話はきいてたけど。最初の客は若い人で、わたし好みにピッタシの男だったから、わたしも興奮してぬれたし、この仕事、悪くないな、と金をもらって思ったけど、嫌な客の方が多くて七割。好みの客は三割ってとこだから。やってみれば、そう気分的にラクじゃないわねえ。

⑤清純歌手でも、一皮むけば、やっぱり女よ。あの噂きいてから、とてもあの子に親愛感がわいてきたわ。でも嘘です。

千鶴子さん（千葉市栄町『トルコ〇城』・23歳）

①北海道、支笏湖近くの出身。お父さんは、アイヌの三代目で木彫りの熊をほっていたわ。店先で彫ってみせてた。熊みたいヒゲ面で、ヒゲこすられて痛かったの、おぼえてる。

②小さい頃、近くに牧場があったから、馬が好き。ギャンブルするんじゃなくて。サラブレッドの馬主になりたい。七百万円で一頭買えるって聞いたから、その程度なら、ぜひ馬主やってみたいな。

③わたし毛深いから、アイヌ嬢って常連さんに呼ばれてる。だから、こっちも北海道出身で両親に送金してるっていう。それから、もらってくれる人がいたら結婚したいっていう。たいがいの客、本気にするわね。

④マネジャーにいわれたように、手に石ケンをぬりつけ、こすって洗ってたら、お客さん、満足したたな。サービス料三千円もらったけどこんなので金もらえるんなら、いいなあ、とうれしくなったわ。

⑤週刊誌読んだけど、あの子、何となくそんなイメージあるじゃん、目のはたらき、からだのこなしなんか、この仕事やってたもんだけにわかるしぐさよね。どうって言われても困るけど。泣いて怒ったっていうけど、怒んのはこっちよ。イヤなことむりにやらされてんじゃないいんだからね。むしろ、歌手の方がイヤな男とがまんして寝なきゃいけないこと、多いっていうじゃん。

井上さん（上野『トルコH』・24歳・青森県出身）

①お父さん、早く死んで、母さん一人で育ててくれた。母さんの実家が少し金持ちだったから、短大まで出してくれた。いい母さんよ。

③東北の短大出て、英語しゃべれたから電電公社の国際電話係でオペレーターやってた。給料安いし、面白くもない。だから、外国に行く費用作ろうと思ってやったの。もうす

ぐ、ロンドンに行く。ロンドンでおつとめする。

③兄が死んで、母と娘の二人きり。生活のためと、英語の勉強のため、という。

④はじめてのときは、やっぱりビックリして出来ないからって早びけして帰っちゃった。ショックだったわね。男の人の黒いの。

⑤わかりません。ウソにきまってる。

愛さん（川口市『トルコY』・24歳）

①別府温泉の旅館の番頭で、母さんは女中よ。お父さんはいつも旅館のハッピ着て、駅にお客さんつかまえに行ってたわ。何か、いつも元気なくて、旗は（旅館の）もってたけど、わびしそうだったわねえ。

②正式に結婚してるのよ。二つの女の子がいる。内緒だけどさ。九州のお母さんに子供あずけてある。亭主は会社（興信所）につとめてるけど、月給が安いから、親子三人暮せないじゃん。家買ってくらすか、マンション借りる費用つくるため、あたしはここの寮に住み込んでいるのよ。十日たつと二日間の休みもらって東京に帰って亭主と暮して、収入の三十万だけど全部わたしが管理してる。このままいけば、もう半年で千百万確実にたまるから、そしたら……。

③温泉旅館てのは、フリーセックスのムードよ。高校出てから福岡でトルコやって……

なんてね。ちょっとわたしフケてみえるでしょ。だから、頼りない感じに見えるような話すんのよ。

④ちょっと気むずかしそうな中年男で、ブスっとしてた。ひがみ根性みたいな男でさ、そのくせ下腹洗ってたら、いきなりタイルの上に押し倒しやがった。そん時、男は恐いなって、生れてはじめて思ったね。

⑤もし、ほんとうなら結構な話じゃない。立派なことよ。この仕事は、ガポっと稼いで、サッサとほかに仕事を変えるのがいいのよ。この仕事は何より演技だから、この仕事で得た体験は芸能関係で必ず役に立つわよ。

ユリカさん（渋谷『トルコF』・21歳・東京出身）

①いまも両親のところから通ってるわ。両親とも好き。でもお母さんとは、毎日、ものすごいケンカ。何でそうするか？　そうね、リクリエーションみたいもんよ。お父さんの職業？　あんた結婚してくれんのなら教えるけど。

②喫茶店を新宿に出したい。明るくて健康的な店。同伴喫茶みたく暗い店はいやよ。貯金はないけど、これからはじめるのよ。

③二、三年前、会社にいるとき、同年のボーイフレンドとスケート場で知り合って、バージン差し上げたんだけど、それまで、本や話に聞くセックスはすばらしいと思ってた

のに、ガックリしたわね。でも、いまは大好き。ただし、やってるときだけ。セックスのサイズ不一致で離婚なんて、あれわかんないなあ。
④若いハンサムなモデルしてるっていう男の子だったけど、白いのピュッと出てきた時、ハキ気したね。あとでウガイして――口使ったわけじゃないけど――手洗ったわ。いまでも、イヤな気することとあるけど。
⑤どうってことない。関係ないわ。わたし、歌手になりたいわけじゃなし。

桂子さん（浅草『トルコⅠ』・21歳・茨城県出身）

①おっ母さんはキャノンの工場で働いてたよ。お父さんは何もしてなかった。
②あたしも、取手のキャノンの工場やめて、トルコ来て七カ月だけど、わかんないね。金たまればいいけど、中々たまんないね。
③あんまり、身の上話なんてしないね。
④はじめは、やっぱり、びっくりしたよ。でもすぐなれる。
⑤夜の八時で、店の子四人でテレビ見てたんだけどね、（天地が）泣いて「そんな人に後指さされるようなこと、した覚えない」って言ってた。四人の中でもらい泣きしてた子もいたけど、わたしは、後指さされるってどういうことかと思ったね。何もわたしら悪いことしてるわけじゃないからね。あの子、ノドのとこ、シワが一杯あるでしょ、あ

れよ。同情して泣いた店の子もいたけど、「後指さされること」ってのは気にくわないね。

万里さん（水戸市『那珂川トルコ』・27歳・水戸出身）

①家はラーメン屋やってたから、夏でも油でムンムンしてた。せまい調理場で、一所懸命うまい料理つくろうとやってたお父さんは、今のわたしの姿とよく似てるような気がするけど。

②はじめの一年は、小っちゃなお店持とうとせっせと貯金してたけど、一人暮しが寂しくて同棲したバーテン見習いに、金全部使われて逃げられた。それ以来、貯める気力がなくなったからもうけた金は全部使う。お金持ちのオジさんがいたら、わたりをつけて二号になりたい。

③若いお客さんには、「世界旅行の費用を貯めてるの、だからあんたカンパして……」と話す。

④酔払いの中年男。まだ、わたし自身にセックスの経験がなかったから、まごまごして、うまくいかなかった。つくづくムズかしいもんだなあ、と思った。

⑤川崎で、彼女にサービスしてもらったというお客さんから聞いたけど、「彼女、スゴーイ」って。スゴイ技を早目に使って、早目に足洗った彼女の現在がうらやましい、と思うなあ。お客の話だからアテにならないけど。

桜子さん（池袋『山手トルコ』・24歳）

①お父さんは、わたしが小学二年のとき、炭鉱の事故で死んだ。お母さんは、五つ年下の男と再婚。新しいお父さんは、トラックの運転手で、三日に一回、徹夜運転。お母さんは近所の会社の寮に食事の手伝いに行ってたけど、いつもはげしい口げんかばっかりしてた。「この子さえおらなんだら」と言われた記憶がある。

②一カ月に二十日働いて、月四十万入る。一緒に住んでる〝彼〟に半分渡す。残りは、今住んでいるせまい木造アパートから、マンションに移るために貯金したいが、ギャンブル狂いの〝彼〟が結局、ほとんど使ってしまう。毎日、金を持って行かれるから、金を貯めるには〝彼〟と離れなければダメ。とはわかっているが、〝彼〟なしではわたしの生きるかいもない。

③彼の競馬のためとは言えないから、故郷のお母さんに送金するためやっているという。そして早く足を洗って結婚したいわという。

④はじめての客は二十歳くらい。胸を洗ってたら、発射されて、何だ、と思った。アッケなくて、こんなので金もらっていいのかなという気がした。彼とは同棲八カ月目のこと。

⑤美空ひばりも魚屋のムスメだったんだから、風呂屋のムスメが歌手になっても不思議はない。

桐かほる

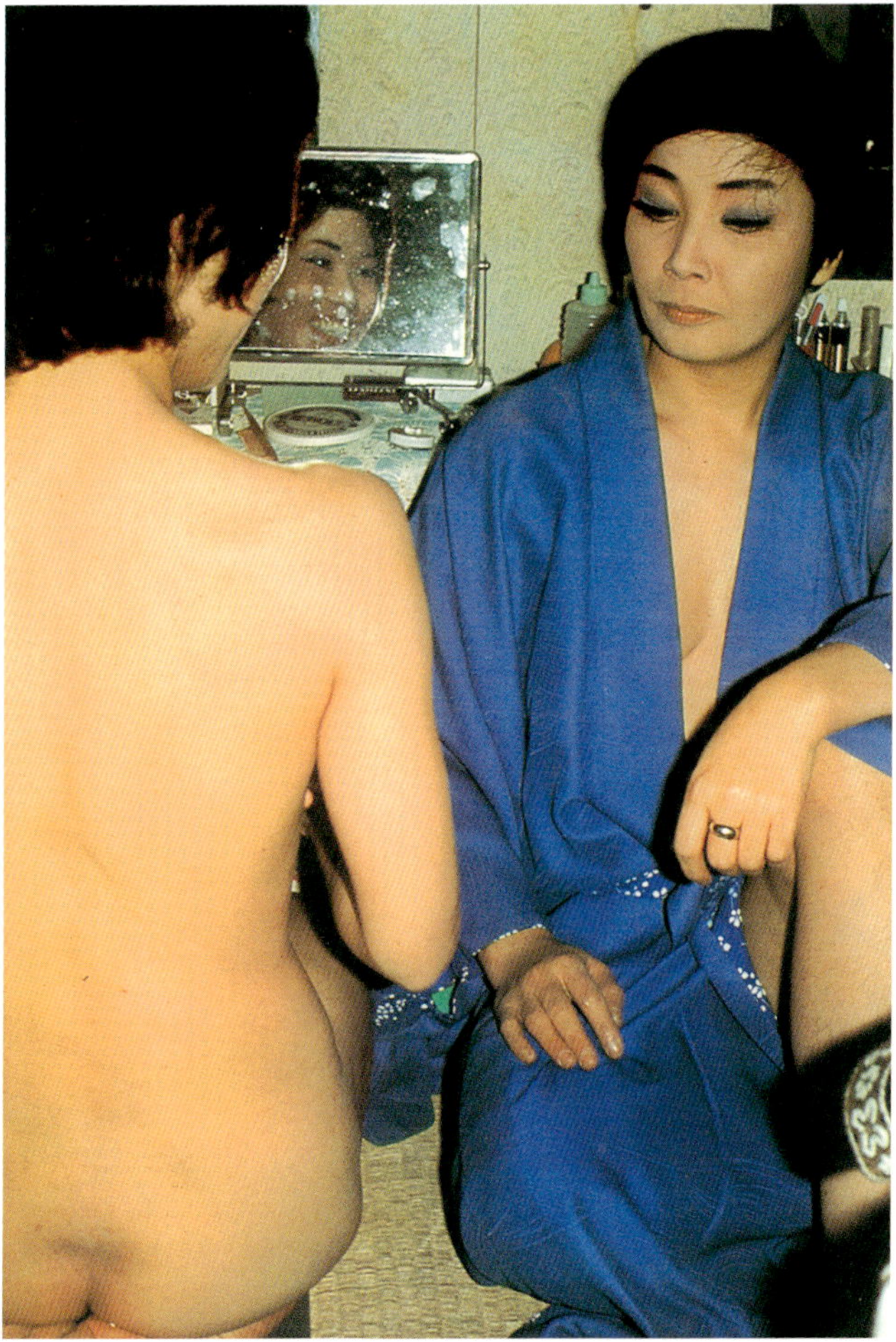

Kleenex
SUNTORY
週刊女性

11月21日ヨリ
二周年記念・特別大兴行
桐かほる四人組レスビアン
史上最高のヌードショー！
金髪レスビアン
イーグル・マヤ
イーグル・ミヤ
歌舞伎レス・藤間美
中国花電車ショー
ポルノ講談・田辺夕鶴
田中小実昌
友情出演

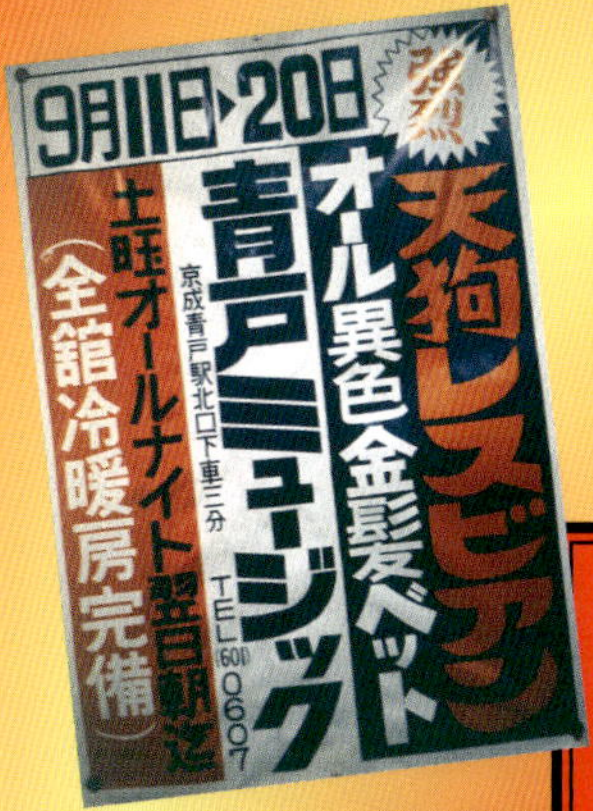

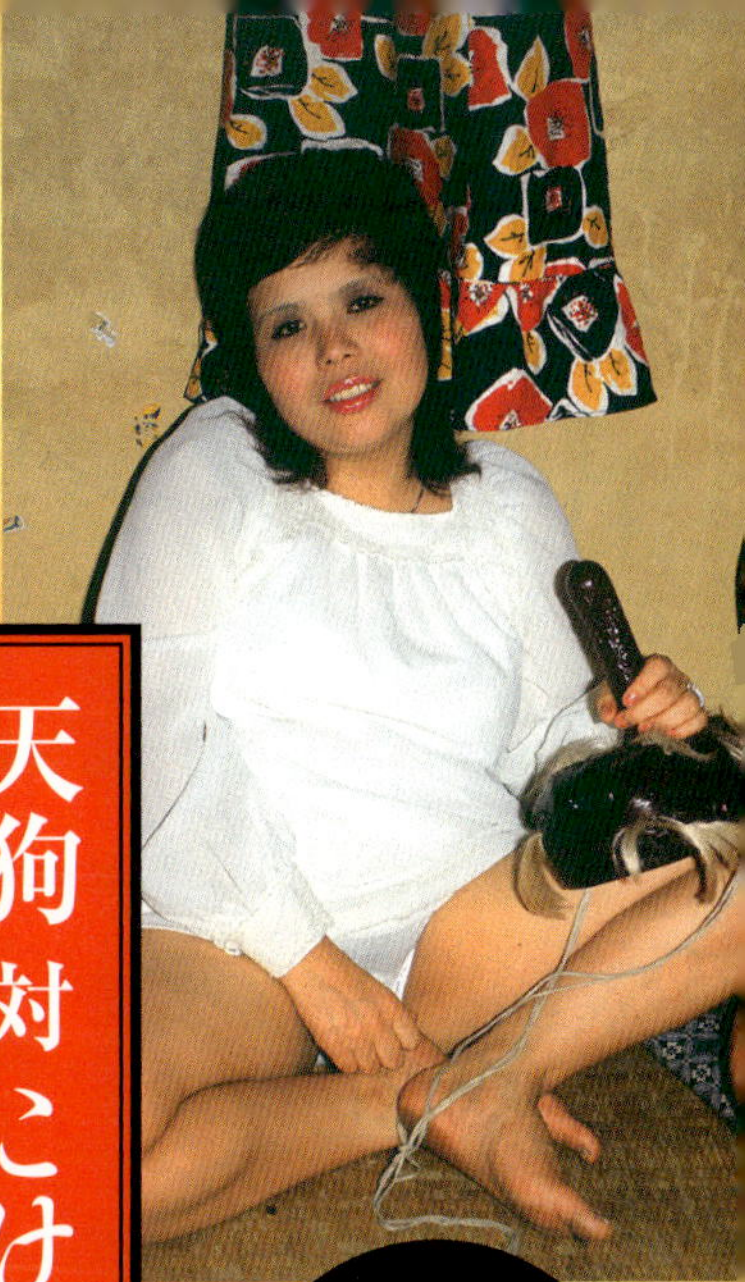

天狗対こけし

咆哮天狗
バロー・ブレンダー
＋
フラワー・ユミ

強烈こけし
バーバラ・ローズ
＋
バーバラ・エバ

ローズ秋山夫妻

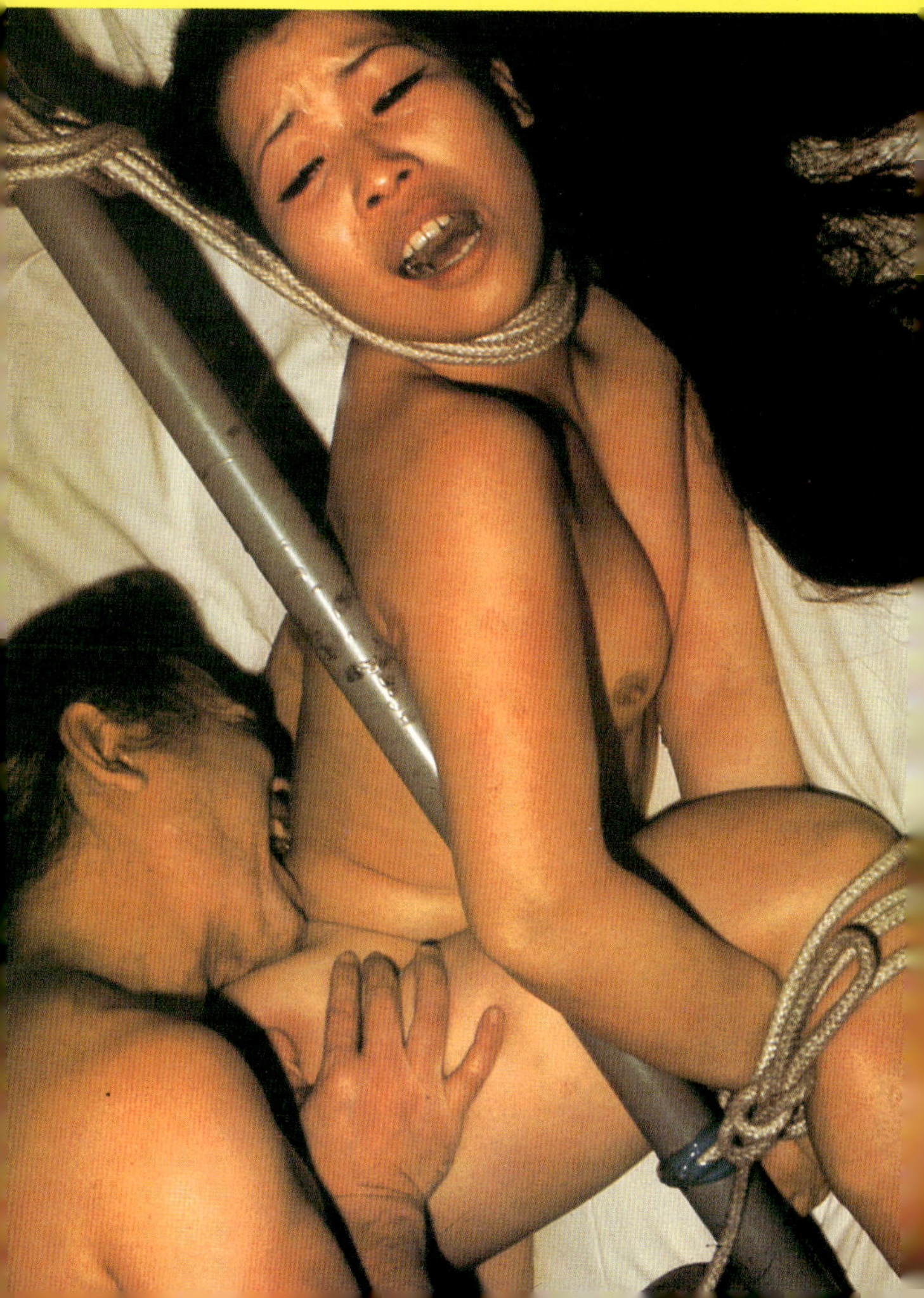

GO
DE KōSEI
開演 12·30
WiDE iN
NUDE SHOW
残酷日本一!サドかマゾか変態か
恐怖のローソク責め荒縄責めの数々!
ローズ秋山夫妻
話題集中の本格派!
3月11日より

カルーセル麻紀

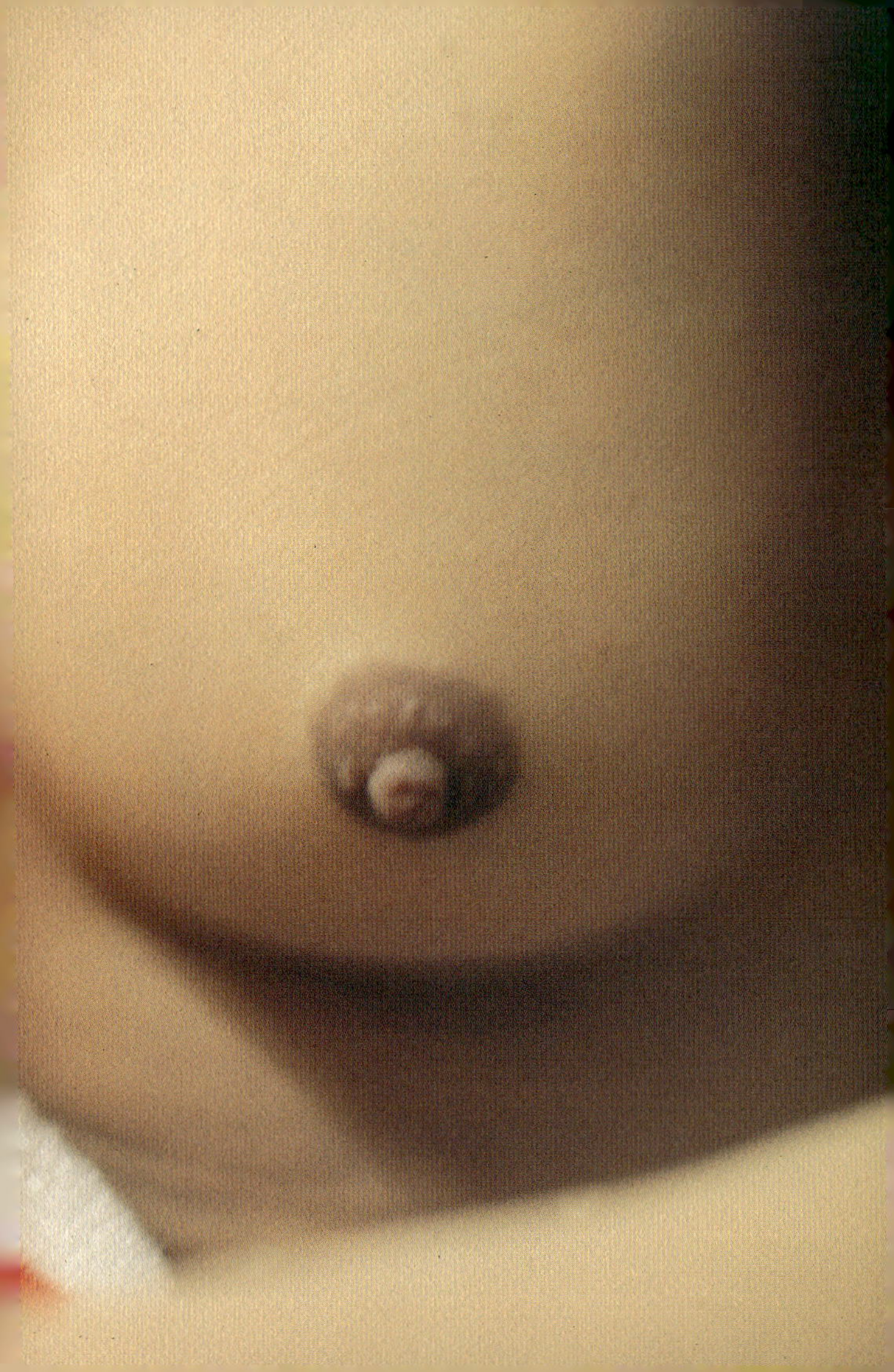

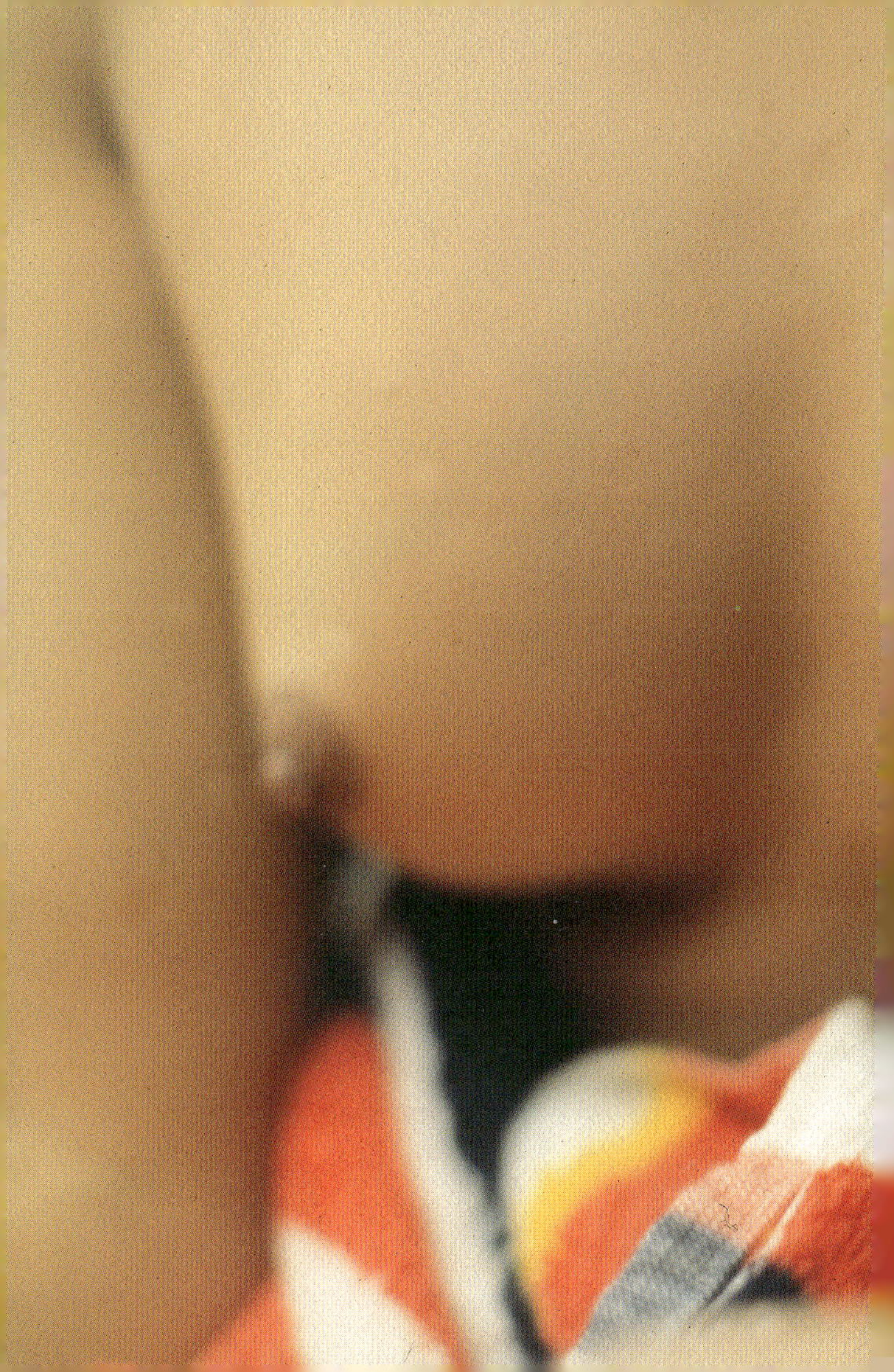

レ痔ビアンショー

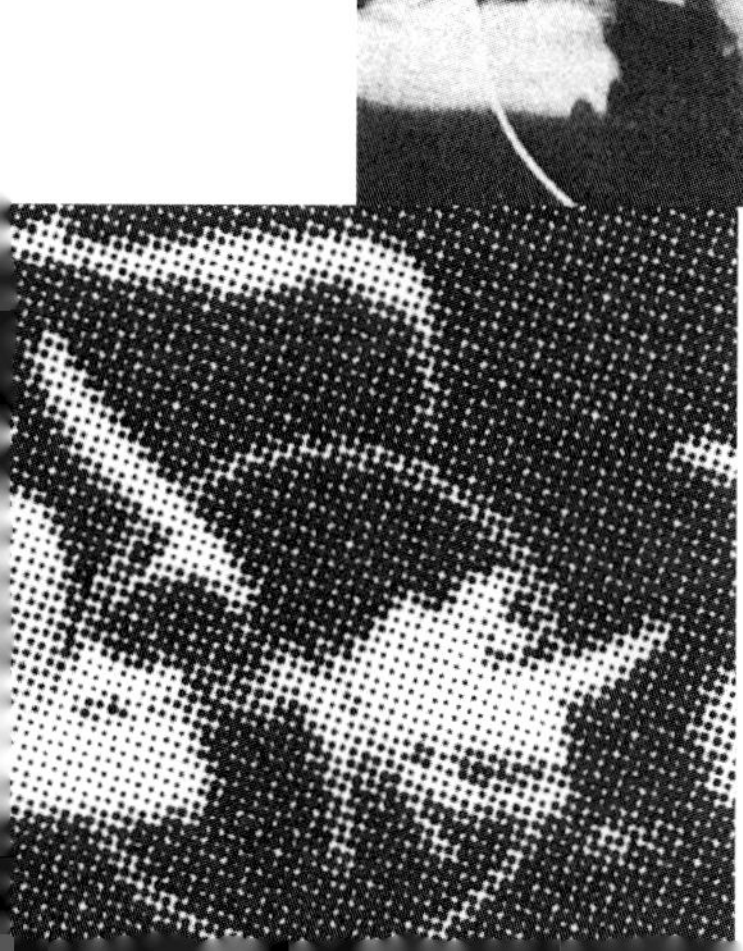

ストリップ――という言葉も、もう古いなア。ベッサメムーチョが聞えて来る。あたしは、ストリップときくと、終戦、焼跡、パンパン、GI、自由、飢え……なんてものが重なって、わが青春の日々がよみがえってくる。ストリップなる言葉も、あの頃、進駐軍と一緒に入って来た〝進駐語〟なのかもしれない。

進駐の置き土産？　でありがたいものは、平和と性の解放だ。〝鬼畜米英〟が残したものでも、いいものはいい、ありがたいものはありがたい。

日本人は、負け慣れてないから、負けたが故にそうなったことに、ある屈辱感を持っているが「負けるが勝ち」ってことばもあるじゃないか。負けたおかげで、世の中、昔よりは絶対よくなった。

もっとも、その後、またぞろ勝ちたくなった。戦争でなくて経済というやつで。GNPとかいうものの、世界第二位の勝利だってさ。ほら、そのおかげで、日本の〝土〟と、日本人の〝いのち〟がメチャメチャになりつつある。「公害ハンタァーイ」と騒いでいた頃が、まだ花だったなァというように、いずれ、日本の自然と命が根だやしになるに違いない、このままなら。

だから、
戦争だけじゃなく、経済にも、負けましょうよ。貧乏の国でいいじゃない。国の中の貧富の差がひどいのはお断りだが、みんなで貧乏になろうよ。いまから四、五十年前ぐらいの貧乏になろうよ。……ええと、何の話だったっけ。

私の少年時代は、軍国主義で育って、軍国主義のなかで命を捨てようと思ったが、負けて、しかも、自分の命がポツンと生きているのを知った時に、悪夢から醒めたというか、生まれ変ったというか、ちょうど、幼虫から抜け出た白いブヨブヨの蟬のように、世の中の新しい風をうけて、……そうか、この風のほうがほんとなのだナ。この風の中で、いのちというものは生きるもんなんだナ……。

と、骨の髄までその新しい風を、私は胸いっぱい吸いこんだものだっけ。

やがて、焦土の中に、その新しい風に吹かれて、ストリップが現われた。ストリップで私は成人式を迎える。食う、生きる、だけの毎日の中で、その食う金をつめてストリップに通った。

踊り子にも惚れたし、ストリップの間のコント演技から、後の三枚目小沢の下地を頂戴したりもした。

ストリップはやがて〝特出し〟時代に入り、ミセモノに堕ちたと世の顰蹙《ひんしゅく》をかうが、私はむしろ、その見世物性ゆえに、芸能の原点をつきつけられておののいた。

その後〝特出し〟は、トクにダスまでのストリップ・ティーズに重点をおくことを止めて、ベット、レスの形式を考案し、レスはヌードショー界を席巻して、今やレスなしでは夜も日もあけぬ有様。これは皆様先刻御存知。

さ、そこで、レスのあとは何だ。レスがあきられたらどうするんだ。と御心配のむきもあるんだが、御安心願いましょう。またきっと、ヘンなものを考案するにきまってます。

ベット全盛の頃、大阪の小屋主さえ、

「こないにゴッツイもんの、あとが心配でんネ。もうこれでベット大会やったら、あとがおまへん」

と心配しきりだったが、あとはすぐに生れた。ヌード界は、智慧の泉である。私はそのシタタカな智慧にも、いつも低頭していたのであった。

ヌード（ストリップ）はまた、そのシタタカな智慧を働かせて、日本の「公然ワイセツ」の外濠を、少しずつ埋める人柱としてがんばってもきた。

もちろん映画や出版物、そしてテレビなども、ここ二十年ばかりの間に、少しずつ少しずつ〝露出〟をエスカレートさせて、〝ワイセツ〟をなしくずしに平常化し、世に定着させてはいる。いま街を行く超ミニのオネエチャンは、何年か前なら当然バカ扱いか「公然ワイセツ」だったわけだ。

だが、その〝露出〟革命、〝ワイセツ〟平常化運動の尖兵は、常にヌード小屋の踊り子達であったのである。何十年かたって、日本の性文化の変革が、もし評価される時が来たなら、彼女たちの胸には、いや股には、文化勲章が燦然として輝くに違いあるまい。

そして、その「性文化」も「変革」も、全然カンケイナク、彼女たちは、踊れば金が入るために、あるいは踊りが好きであるために、あるいは踊りしかやることがないために、今日も明日も、踊って、見せて、捕まってゆく。だから、よけいに尊い人柱なのだ。

もっとも、捕まえる方―ケイサツさんと芸能とは、もともと相いれない関係にある。ケイサツさんの方は、お国のために、世の中がキマリを守って平穏無事であるようにとガンバルのが任務であるが、芸能の方は、それが新しい力で勃興する時は、いまある世の中の、固定化した古いキマリを出来るだけゆさぶって、新しい考え方や生き方をさぐってみようという、土台、平穏無事ではないものなのである。

今は、お国の文化の誇りであり、外国使節などをすぐ御案内する歌舞伎でも、そのはじまりの頃は、当今のヌード小屋と、まあ大体おんなじようなものだった。それどころか、売春のメッカでもあったのである。〝良識ある〟者からさげすまれ、何度も何度も取締られているうちに、今日の栄えある歌舞伎が出来上った。そして恐らく、そのかみの発生期の、変動期のオモシロサを、とっくになくしているのが、今の歌舞伎だろうと思われる。

芸能は、だから、オカミの取締りがきつくて、うるさくて、しかも芸能の側でも、手を代え品を代えてオカミの取締りの網の目をかいくぐり、元気にやっている時が、いちばんオモシロイものであるらしい。あたくしどもの新劇でも、思想犯でつかまりながら、オカミの虚をついてやっていた築地小劇場の頃が、やっぱり、最も輝いた時なのであろう。

してみると、芸能を面白くするのには、半分はオカミの御威光―御取締りが、役立っているともいえるようだ。ケイサツさんにも、御役目ゴクロウサマと感謝せずばなるまいテ。へへへ。

話は一寸それるが、『幕末太陽傳』を作った川島雄三という監督がいた。日活で彼が仕事をしていた時は、会社のしめつけがきつくて、撮影の費用、日数、キャスティング、その他もろもろの、不自由な制約のもとで、泣きながら仕事をしていたが、しかし沢山の名作を作りだした。後に東宝が彼の才能と力量をかって引き抜き、日活時代よりはずっと楽な条件で仕事をさせたら、バッタリと、いい作品は生まれなくなってしまったようである。

仕事とは、いや芸術の仕事とは、どうもそういうものであるらしい。

『ヌード・インテリジェンス』という、あたしが前から愛読、ゴヒイキの雑誌から、ロがかかって、ヌード劇場を見て感想文を書けとの、アリガタイ御註文があった。ヌードを見るだけで、感想文なしなら、なおアリガタイのだが、そうもゆくまい……。

そこでひとつ、社長の大満さんにお願いをした。

「当今、ヌードとくればレス。いま人気絶頂の、ごっついレスを御案内願いたい。レスもピンからキリまであるでしょうし、ピンといっても、面《メン》、体《テイ》、ムード、気立て、アソコと、好みの中心も人それぞれでしょう。しかし、そういうもの全部が綜合的にピンで、さらに私としては、それに加えて、芸人としてピンであるのを、是非見せていただきたい」

ＯＫ、ＯＫ、とにかくおいでよ、レスの花咲く浪花の町へ——ということで、あたしは即刻、大阪へすっとんで来たという次第。

インテリジェンス社営業部の長谷さんは、商売だから当り前だが、社長にまけないヌード通である。巨体をゆすりながら話す彼のヌード界情報は、相撲の神風の解説風で明解だが、彼はしきりに嘆く。

「所謂、関西ストリップもですネ。だんだんとオモロイ踊り子《タレント》がのうなりましたわ。ビジネスライクのコばかり目につきます。昔はオモロカッタナァー」

だけどねェ、長谷さん。それはヌードだけじゃありませんぜ。ムスメはみんなそうなって来た。でも、ヌードのコは、きっと他よりはまだいいに違いない。だから、あたしゃ、ストリップと聞けば飛んで来るんだ。長谷さん、あんた、ヌードのコばっかりみてるもんだから、ぜいたくになってんだよ……。

ってなことを喋りながら、まずは、ダイコーミュージックへと到着した。

ここで、舞台を見たり、楽屋で遊んだりさせてもらう。

ここの楽屋は、客席の入口の脇にあって、ふつうの小屋のように、客席があって舞台があってその裏が楽屋で、という風になっていないから、出たり入ったり、見たりもどったりするのに便利だ。

ヌード劇場の楽屋は、生れて初めてというわけではないが、いつ来ても、イイもんである。

あたしが学生時分、浅草のストリップの踊り子に好きなのが出来て、生れてはじめてストリップの楽屋を訪ねた時、その楽屋の匂いに、あたしゃクラクラッと目が、いや鼻がくらんだ。あれは、化粧や香水の匂いと、若い女のコの体臭……特に陰臭とのミックスに違いなかったが、それも、楽屋にいるコ、おのおのそれぞれの違った化粧品、違った体臭の綜合ミックスだったから、何とも名状しがたい複雑怪奇な匂いで、地獄か極楽の匂いだといわれれば、成程そうかと思えるような、とにかく、あれは、この世の匂いではないと思えたものだった。あれ以後、あの匂いは、丸の内の日劇ミュージックホールの舞台袖と、浅草国際劇場のＳＫＤの楽屋とでかいだ記憶があるのだが、さて、今日この楽屋では、あの匂いがしない。きっと、昔のストリップや、ＳＫＤのセミヌードとは違って、今日のヌードは風通しがよく、いつも、匂いの元が空気にさらされているので、陰風はまき起らないのであろう。衛生的なことであると思った。

楽屋には、星かおるオネエサマをはじめ、扇ゆき、サンタ・リベラル、ムーラン・ローズ、オリエンタル・ローズ、それにレスのＲ・純、ライト・バンビ……なんていう踊り子さん達が、

寝たり起きたり、

着たりぬいだり、

お化粧したり落としたり、

鏡の中の自分の顔を、いつまでもいつまでも、ジイーッと見つめていたり、

坐ったまま体を前に曲げて、手入れみたいなことをしていたり、

ハナフダで遊んだり、
相手のパンツをずり下げて、ふざけっこしたり、
イチャツイタリ、
抱き合ったり、
お菓子たべたり、
コーヒー飲んだり、
ラーメン食べたり、ギョーザとったり、
ビール飲んだり、
オシッコしに行ったり、
パンツ干したり、
パンツしまったり、
誰の子供か、楽屋にいるちっちゃい女の子と遊んだり、
オムツをかえたり、
唄をうたったり、
誰かの悪口言ったり、
急に大声で笑ったり、
小声で何かモメていたり、

あたしにビールをついでくれたり、
恥ずかしがって、あたしの前でガウンひっかけたり、
特別にあたしにだけ、よーく見せてくれたり……は、しなかったが、
みんな、思い思い、そこで暮しているのだった。
私もまた、
ご馳走になったり、
話をしたり、
一緒に笑ったり、
黙ったり、
横目で着替えるのを見たり、
ちょっとサワッたり、
化粧前の彼氏の写真をのぞきこんだり、
子供をあやしたり、
あぐらかいているパンツのアップを写真でうつしたり、
楽屋を出て舞台を見たり、
舞台が終ると楽屋へもどったり、
便所へ行ったり、

モギリのお兄さんと話をしたり、
舞台の写真をうつしたり、
頼まれて舞台で挨拶したり、
楽屋の注意書きのはり紙を読んだり、
また小便しに行ったり、
その時、楽屋を出ようとした途端、いま舞台を終って裸のままかけ込んで来たコとブツカッテ、「アッ、ゴメン」と言ったものの、互いに前へ進むいきおいは止まらず、つい抱き合ってしまったり、
あたしも、いろいろなことをした。
ヌードの楽屋はイイ。ほんとにイイ。いるだけでイイ。見るだけでイイ。あっそうだ。楽屋も客に見せたら喜ぶだろうなア。舞台を見る人、楽屋を見る人、劇場に入ったらどこでも気ままに見せたら、客はもっと入るゾォ。そういう設備の小屋にすればいいんだ。楽屋はガラス張りで、のぞき自由。これ名案と思うが、小屋主さんたち、いかがかしら。ハハハ……。

翌日は、ちょいと足をのばして、姫路国際ミュージック。お目当てのレスの横綱、桐かほるさんを訪ねた。

いなせな広瀬マリ、可憐な春日トミ、城千世、それにホヤホヤの新人グレース順らを、一夫多妻的に引き具した桐のオネエサマが、シャツ、モモヒキに毛の腹巻をしめ、レスの大御所にふさわしく、楽屋中央にどっかと大あぐらをかいて坐ると、あたかもここがヌード城の本丸。ここから天下を睥睨して、ヌード界に号令を下している風があった。姫路白鷺城の城主は、たしか秀吉だったこともあると覚えているが、桐の殿様を武将になぞらえるなら、さしずめ、俊敏の織田信長か。

……信長が、ちと大げさなら、例えば天保水滸伝――〽利根の川風、袂に入れて……笹川の花会の席に、桐の貸元を置いたなら、大前田英五郎と国定忠治の間に坐らせて、ピタッとおさまる貫禄だろう。

イヤ、お見それ申しやした。

手前、東都電波河原に渡世をいたす馳出者《かけだしもの》でござんす。

お貸元の前で口はばったいことでござんすが、いまの世の中、鶴田の兄キじゃねえけれど、昨日の風が今日は吹かねえ。まして明日にどういう風が吹いてくるやら、くるくる廻る風車。劇芸術に秋風で、世のお客さんはもう劇場へなどやってまいりません。映画劇場は御承知のとおりのていたらく。芝居の小屋の客席も、そのほとんどが弁当つきの団体さん。何を誰が演るのかも知らず、御愛用者招待の夕ダの切プでエッチラオッチラ、近郷近在から集って来るだけのお客でありますす。手前どもの方の新劇とやらでは、座員のノルマで売る切符と、あとは「労」の字が上につく観劇団体にダンピングだ。ふつうの世の中の人はもう劇場なんざア、見る気も行く気もありゃアしません。

サ、そういう時にこちらさんでは、団体なんぞはありゃアしない、一人一人のバラのお客を、ひるからよるまで四回興行。しかも二千なにがしの入場料で、客をこんなに呼んでいらっしゃる。それも何ゆえプンゆえで、良識ある……とやらいう馬鹿野郎は顔をそむけるかもしれませんが、そむけるなら、どうぞそむけておくんなさい。縁なき衆生は度し難し。しかしヤツガレ、そこに、芸能が人を集める原則を求めて、こちらさんの爪の垢でもプンの垢でも頂戴したいと、はるばるやってめェりやした。向後万端《きようこう》、面体お見知りおかれまして、以後お引き立てお頼ン申します。

……ってな訳で、拝見に及んだのは、表の看板のうたい文句を引けば、

「日本一卍レスビアン」

桃太郎のキビ団子も日本一なら、桐かほるレスビアンショーも日本一だった。その、舞台の乱舞、錯乱のありさまを、この雑誌の読者にクドクド説明するのは不要だろう。（御用のムキは、毎度申し上げる『私のための芸能野史』をどうぞ）

私の所感を一言にしていえば、それは、アビキョウカン（阿鼻叫喚）の一言に尽きると思った。あんなスサマジイ空間を現出する芸が他にあるだろうか、……芸でなくても、何でもいい、そういうスゴイ事態をひきおこせる人間技は、いま類例がない。

ヒト、これを、シロクロまがいのミセモノという。

ミセモノで何がワルイ！　ミセモノ性は芸能成立の基本条件だが、いま百歩をゆずって、彼らのいうミセモノだとしても、こんな驚愕のミセモノが一体いままでこの世にあったのか。シロクロなんてものに、こんな息をのむ壮絶な迫力はない。

しかも、一日四回、来る日も来る日も。……これは、峻烈な、巧みな、たくらみによる、正《まさ》しく、芸なのである。

桐かほるの、その時の顔がいい。あくまでもクールに、醒めて……ハードボイルドだ。また織田信長を引っぱりだせば、「泣かざれば、殺してしまえ、ホトトギス」

春日トミは、城千世は、泣きに泣いて、殺される。

レスにもピンからキリまであるが、これは、……ピンピンだった。


劇場を出て、ふと気がついたら、オケツの穴が痛い。私は、痔などには絶えてこの方一度もなったことはなく、オケツには自信があるんだが、オカシイナア。

なんでこんなに、歩くたびに痛いのか。ズボンの上から手をそえてみたら、ピリリッと痛いナアー。

急ぎ宿へ帰って、しらべてみると、小指先ぐらいのイボがオケツに出来ている。

アッ大変だ、イボ痔になったか。

さっきまで何でもなくて、桐かほるを見たら、どうして痔になるのだろうか。

宿の主人に、

「お宅に、『家庭医学宝典』といったようなものはありませんか」

と、借りて読んだら、

痔核（いぼ痔）
肛門の周囲にある血管が、瘤のようにふくれたものである。

とあった。

なぜ、桐かほるを見たら、急に血管が瘤のようにふくれたのであろうか。

思うに、桐かほる一党の〝アビキョーカン〟を観戦中、私の血液は、一点に全員集合したにちがいない。あまりにもキビシイ動員令に、集合人員は会場をオーバーして、裏手へあふれて殺到した。それでもまだ集ってくるわくるわ。押しあいへしあい、流石に本会場は、堅牢無比を誇る近代建築の殿堂、ハリサケンばかりではあっても何とか持ちこたえたが、会場裏手の楽屋は余り使用しない旧建築……ここまで人があふれるとは計算外であった。災難とは、虚を突くものである。楽屋の羽目板がバリッと割れて、そこに人がはみ出したに違いない。

教訓！
桐かほるの演戯のモノスゴサは、痔になるから気をつけよう！
ありゃ、レズでなくて、レ痔ビアンだ。

〝残酷〟入門
団鬼六氏に聞く

小沢　もう少しお齢を召した方だと思いましたが？
団　だいたいそういわれます。五十年輩だろうと思ってたといわれます。
小沢　きょうは聞き方があまりスマートにまいらないと思うんですが……。
団　私もしゃべるほうはニガ手で……。
小沢　あたしはまた、例のほうの素養がないもんですから（笑）。勉強不足でぐあいが悪いかと思いますが、どうぞよろしく……実は私の友人にね、やはり俳優してるもんですが、熱狂的な団センセのファンがおりましてね。にもかかわらず非常に羞恥心にとんだ男でありましてねェ……。
団　はァー。
小沢　例の『奇譚クラブ』という雑誌を本屋へ行って買う元気がない。そこでぼくに「買ってくれ」と盛んにいうわけ。そこでぼくは彼の弱点を握ったことになりましてね。その代りメシをおごれとか、何をしろとかいろんなことをいってですね。彼を本当に奴隷のように逆にこき使いましてね。その代りぼくがあれを買ってやると……そして彼を自由にあやつれるということになってるんですが、ところがその雑誌を買いましても彼は他のページはいっさい読まないで、団センセのだけはツボにくるというわけですね。ぼくら素人の目からしますとね。どのページもおなしように仕組まれてあると見えるんですが、玄人の目からすると微妙な差というものが実は非常に大事であって、チョッと自分の好みがズレるともうそれは拒否してテンから読まない。団センセのだけは絶対だといって彼は夢中なんですねェ。また巻末に一冊になってるのの、広告が出てますな、あれもあたしに申込んで買ってくれというんですが、そこまではあたしも面倒みきれないそのくらいは自分でやったらいいだろうと、突っぱなしてるんですが、そういうことでかねがね彼の尊敬を通じてお名前をあれしておりました。

団　あァーそうですか……。

小沢　どうも最近ブームといいますか、SMというものが必要にというとおかしいんですが、流行《はや》りになりまして、さっき申しました玄人の中の専門家といいますか、さらに選ばれたる玄人は多少顰蹙しておるんではないかと、つまり「ニセ者が横行しておる」といってるような向きも聞いておるんですがね。その点はいかがなもんですかねェー。

団　結局、SMというのはエロチシズムの一つの変型ですからね。結局ぼくの書いてるSM小説というのも、いうならば〝エロ小説の私生児〟みたいなもんで結局おんなしことなんです。ただ意味合いが少し違いますのは『奇譚クラブ』のぼくのものしか読まないというのは、『奇譚クラブ』というのは変質者を相手にしている雑誌なんです。変質者でもいろいろ好みがあるわけなんですよ。たとえば、女を虐待して喜ぶ人もいれば、女性に虐待されて喜ぶ人もいますしね。男性が女性を虐待する。要するにサジスチック な好みを持つ人もいるし、マゾヒスチックな好みを持つ人は女性に虐待されて喜ぶし、そうするとSの人はMの人を凄く厭がるんですよ。だからぼくの小説を読む人は他の小説を読まないというのは、たとえばぼくがSの小説を書くとすればMの小説が身震いするほど厭なんですよ。またMの小説を読む人はSの小説を身震いするほど厭だという人が多いんですね。だからそこにおんなし変質的な人でも好みというものが非常に微妙で複雑怪奇に分かれているわけですよ。

小沢　しかも、SとかMとかはっきり分かれてるんじゃなくて、S何%M何%という複雑に交差してるところというのがまた広いんでしょう?

団　そういうわけですね。結局人間誰しも生れながらにしてSとMを50%ずつ持ってるわけなんですよ。その均衡が崩れる場合があるんですね。たとえばSが55%の人はサジスチックな好みを持つし、Mのパーセンテージの多い人はマゾヒスチックになりますしね。それは非常に微妙なもんなんです。たとえば小沢さんはそれを均衡に保っているからあんなもの読んだって大して感じないんですが、ところが少し崩れてますとね、ああいうものを読み出すようになるんです。それがSが70%、80%とパーセンテージが大きくなっていくほど要するに俗にいうサジストになって来ましてね。めったに100%サジス

トという人はいませんけどねェ。たとえば、マルキ・ド・サドなんかも90％サドだから
ひどく見えるんですけど、また完全に崩れてる人はバラバラ事件みたいなことをやるん
ですね。人を斬ったり、女を虐待するにしても血を流すほど虐待しないと治まらないと
……ぼくのいうエロチシズムというのはただそれによって女性を興奮させると、女性の
M感覚をくすぐるためのエロチシズムですからね。単純なサジストというものは自分の
欲望さえ満足させれば、相手は何も感じなくてもかまわないという一方的な欲望を追求
するのが俗にいうサジストなんですよ。ぼくのはサジスチックなエロチシズムといいま
してね、これは体内にあるエロチシズムを楽しむことのできるサジストですね。これむ
ずかしいんですよ……。
小沢　ある余裕のごときものがなけりゃまたいけない……。
団　ですから自分の変質的な嗜好を、空想的に楽しむことのできる人を対象にして書い
た小説なんです。
小沢　いうならば50％、50％の人なんだけれども、Sのほうの片方が非常に躍動してで
すね、60にはならないけれども60、70になりたがって躍動のある人を対象にして書いて
いるという感じなわけなんですね……。
団　だから50％ぐらい持ってる人に対して「どうだいおまえはどっちの気があるんだ
い？」と突っつくようなのがあるんです。

小沢　リトマス試験紙のようなもんですね……いわば……。

団　そうです、そうです。ですからぼくの小説読む人はぼくのチャンネルに合ってる人なんですね。これが非常に多いんです。小説の内容にしても、ただ一人の女性を監禁して一人の男性が、『コレクター』という映画がありましたね、ああいうもんなんです。あれは徐々に女が驕慢の美を裂いてズタズタに崩れていくまでを男が過程をただジーッと見るだけの厭らしい小説なんですよ。それはいわゆる〝団流のエロチシズム〟ですね。けっして変態じゃない。変態という言葉をぼく使うの非常に厭なんだけど。だから、SMというヘンな言葉ができたんだけど……。

小沢　人間誰しもSの要素Mの要素を持ってると、本質的に生れながらに神よりさずかって持ってるということはまことによくわかるんですがね。それがどっちか50%のバランスが崩れてくるとおっしゃいましたが、そういうふうになっていく要因ですなァ。まァ、フロイト大先生はいろいろと教えてくれますがねェ。そうだなァーと思うようなこともあるし、ウーンそういうもんかなァと半信半疑のところもあるわけなんですけれども、あれはそうなっていくというのはその人の血の中にある部分が多いんでござんしょうか、それとも後天的な社会生活のうえから出てくるもんでしょうか……。

団　いや、後天的ということは絶対にないですね。生れつきのもんですこれはァー。

小沢　あァーそうですか……。

団　だからだんだん、だんだん、たとえばマゾと結婚して自分がおかしく変態になってきたというのは絶対にあり得ないわけです。結局血というものは生れつきに崩れてる人なんですよ。途中から崩れるということはあり得ないわけですよ。

小沢　そうすっとそれが何かのことで触発されて出てくるということはありうるわけですね。

団　えェーそう。体内に持ってるものが、自分が感じないものが、チョッとした動機からグループに教えられるとか、ああいった雑誌が出ますね。あァーこういった雑誌があったのかと……。

小沢　これぞ「オレが待ち望んでいたものだ」という——。

団　それからグーッと血がたぎってくるという場合はありますけれども、ただそれまでは感じないだけで自分はそうなんだけれどもなかなか自分では発見できなかった人はいるけどねェ。それはいいことか悪いことか、ああいう本が出たり、映画も出たり、芝居もこういうものが出たり、そういうのを見てはっきり自分でそれを感じているんでしょう。

小沢　いま変態ということをおっしゃいましたけど、そういった人間の内在的な要因みたいなものがバランスが崩れるというのは、一種の世紀末的現象であるというようなことで、世の中の社会生活の歯車の回転がなめらかにいっていない時に、人間が非常に鬱屈してきて、たとえば現在ならば機械文明の異様な発達にともなって、人間性というもののが非常にくず折れてきつつあると、そういう状態の中で人間の心というものがよりヒネくれて崩れていくと、そういうことからSもMも変態も出てくるのであろうと、いうようなことをとなえる方もいらっしゃるようですがね。でもそのほうは関係なさそうですなァー。

団　関係ありません。結局そう崩れてきたということは、マニアではない人たちがマニアのマネごとをする時代になってきたということですよね。セックスがこんだけ解放されてくればアングラも出てくるし、わけのわからないものも出てくるでしょう。そうなるとセックスだって変型を求める人がいますよ。たとえば私が何かグループをつくると、関係のない人がはいりたがります。「じゃあんたはマニアか?」というと「マニアじゃないんだけど一度見たい」とか、だから『奇譚クラブ』にしろ関係のない人だって買うような主体性のない……セックスそのものが主体性のない時代になってきたのは事実ですねェ。要するに、製作そのものがわからないものが製作してる場合ありますね、映画でも……。たとえば東映のいろいろな芝居の映画ありましたね。あれは監督がその気があって演ってるのではなくて「こういう奴らが喜ぶんだ」と、そりゃ見にくるのはマニアがきますよ。しかしつくってるのはマニアと全然関係のない……。

小沢　あれご覧になっただけでそれおわかりになりますか?　ニセ物ということ……。

団　えェ、そりゃもう……。

小沢　映画的な機能は別にして、少なくともSMの問題にしぼるとすれば……本物の人が本当に演ってる、つまり気持を込めて演ってるんじゃないということが、できたものを見ればわかるということですか？

団　わかります。マニアはああいうものができたと喜んで見には行くけど結局失望して帰ってくるわけですよ。ただマニアの琴線をくすぐるためにああいう映画をつくってくれたという努力には感謝するけれども。映画側では「これだけはいった」と喜んでるかも知れないけど本当はマニアは失望してるほうが多いですよ。しかし「ヘタな鉄砲も数打ちゃ当る」式にああいう映画つくってるうちに、一カ所二カ所自分に合う場合もありますけどねェー。

小沢　偶然的に当る。なァるほどねェー。

団　はっきりいって、S小説、M小説にしたってマニアが書かないことには面白くないわけですよ。マニアが書いてマニアが読まなけりゃいけないわけですよ。ところがマニアでないものが書いても読者は「こりゃインチキだ」とわかるわけですよ。その気が共通してますから……それがいまほとんど知らない人が興行的につくって知ってる人を相手に見せてるんですから……。

小沢　それが現状なわけですね。

団　たとえばぼくが芳賀書店と知り合ってこういう本つくりましたが、それが当るとそうするとこんどはこれをマネして業者がつくり出す、という時代ですからね。

小沢　芳賀書店からは、団さんはいろいろな本を出してらっしゃいますね。くわしく教えて下さい。

団　『花と蛇』が十巻。『やくざ天使』『大利根草紙』など合わせて十三巻くらいですかね。

小沢　その中で、『花と蛇』はまだまだ続くわけですな。その一巻だけ読ませて頂いて、まことに一巻だけで申し訳ないんですが。

団　結局、何でこんなものが面白いかわからないでしょう。

小沢　いーえそんなことございませんが、それほど鈍感ではございませんつもりで……私も50％は持っておりますからあれなんですが（笑）、それで、筋のことなんかをお聞きしてまことに恐縮なんですけれども、あのォー静子さんを含めてあの女性方は最後はどういうふうになるんですか？

団　わからないんですよ。ただ筋も何にもない。全然筋も何もない。描写だけを並べてるだけで……。

小沢　私は第一巻だけなんですけれども、一巻は静子さんをはじめ女性方は、ただ「いやだ、いやだ」と無理じいされてますね。あれが多少変化されて何巻か先には自らすすんでいくふうになるわけですか？

団　えェもうすでに変ってます。「いやだ、いやだ」がMになってああいうことをされないことには満足できないと、体が変っていくわけです。

小沢　それで最後には、悪人ばらが退治される——ということにはならないわけですか。

団　ならないならない（笑）。

小沢　そんな必要もないわけだ。

団　そんなことはどうでもいいんです。だから創意なんてものは無視して、ただああいう描写を……ズベ公タイプであるとか、令嬢タイプであるとか、令夫人タイプであるとかを悪人がいじめてるというだけのことで、ただムチャクチャな小説なんです。ただそれがまたあの次元に合うんですよね。大学教授も読んでますし政治家も読むわけですよ。バカみたいなものを。だから小説的な批判なんて全然ないわけですよ。ただ描写の羅列を喜んでる話で……そうなりますと、十巻ぐらいになると前の話がもう一ぺんむし返してくるようなことがあります。それでも喜んで読む、ただマニアはあれを毎日読まないことには体の調子がおかしいと……。

小沢　そうすると一種のストレス発散剤のような、いってみればクスリのような役割を……。

団　だから小沢さんに対して、いろんな映画を見せても、そういう本を読ましても体の調子がおかしくなってくるということはあり得ないと思いますよ。マゾになったりサドになったりしないと思いますよ。これは生れつききまっているもんですから……。

小沢　すると、あの静子夫人にしても、つまりMの要素を本来持っていて、ま、女性というものはそういうものかも知れませんけど、静子夫人はさらにその要因をたくさん持っているからして、最初は拒否するけれどもそれが開発されてきて、それでなければならなくなる過程をたどるわけですが……。

団　そうです。男性はまず飼育されて変貌するということはないですけど、女性の場合はありますからね。ほとんど十人のうち七、八人まではMを持ってるわけです。ただセックスそのものの行為は男が攻めて女が受けてるわけですから、だから「いやだいやだ」が変質者と結婚したためにそうしないと体が満足できないということとありますね。

小沢　さて、SとMということなんですがねェー。先程ご説明あったように、人間本来あるもんなんですが、それが生活の中へ出てくる者と出てこない者との違いですが、そういったものはどういったとこから出てくるもんなんですかねェー。

団　出てくる？　それはどういう意味？

小沢　たとえば、『花と蛇』の一巻ですが、女が「これでもか、これでもか」と責めさいなまれるわけですね。そうするとよっぽど女に恨みつらみがあると、ないしはその男の血の中に何代もかかって女性というものに対する憎悪がよどんでるという男なら、さぞかし快哉をさけぶだろうということはよくわかるんですがね。ところがわれわれこよなく女性を慈しみたいと——少くとも女性が痛がることはかわいそうでかわいそうでしょうがない、というような感覚を持ってるもんからすると「もうおよしよ」と、まァ眉根に八の字がチョッと寄るくらいまでならややわかるが、しかし泣きさけんでいるのにですね。さらに浣腸だ、便器だと。それフンドシして逆さづりだと——いうことになりますと、かわいそうだということになるんですがねェ。その点……。

団　結局、美しさに対して破壊しようというのがマニアの共通したもんなんですよ。結局、相手の女が不美人だったらあんなことはないわけなんです。ただ美しさというものに対する復讐心理が起るわけですよ。わけのわからない復讐心理というものは美に対して起ってくるわけです。それは谷崎潤一郎氏の小説にもよくそういうのがありますけど、で、驕慢の美をバラバラにし裸にして見れば「たった一匹のメスに過ぎなかった」と凱歌をさけぶだけの話なんですねェ。何も「親の恨みをはらすために」やってるのではなし、そういった共通の心理があるんです。と同時に、ぼくらのいってるマニアというのは非常にフェミニストなんですよ。普通じゃそんなこと全然しません。奥さんは可愛がるし……しかし衝動的にそういう心理的なものがあるわけなんです。空想して喜ぶわけですよ。

小沢　そうすると実生活のうえで、男は非常に母親にひどい仕打を受けて育ったと、そのあげくの果てに女房をもらったところがこれがひどい女房で、朝な夕なにえばりくさっていると、会社へ勤めたら何の不運か女社長で奴隷のようにこき使うと、隣はメガネをかけたオバハンOLで、こいつがまた何かというと自分を足蹴にすると、とにかく日常生活、朝から夜まで「女というものに対して、恨みつらみが重なっている」と「オノレ女ッ」と思ってあの小説を読んだらさぞかし快哉をさけぶだろうと思うんですが、それとはチョッと違うわけですね。

団　全然違いますよ。マニアというのは実生活において紳士ですし、ただ環境によって金銭的にケチになるとか他人を見たら信用しなくなるとかはあるでしょうが、セックスは別だと思うんです。ただ女に虐待されるとこにマゾの男がいたならばかえって喜ぶわけですよね。ピタリ型にはまるわけだから。そこが違うわけですよねェ。

小沢　そこで、SとMの比率ですが、日本人に限ってどうなんでしょうか。男だけを考えてですが?

団　十人のうち四人までがその気があるとぼくはみてるわけですよ。

小沢　それはS、Mに限らず、崩れたのが40%はいると……。

団　その40%を集めまして、それをまた十人分けてみますと、SとMの差が七対三の割りで男はSが多いんです。マゾは三です。

小沢　そうすると40％×70％が団センセの小説を読むと快哉をさけぶ男性ですな。
団　そうです。女の場合は逆でMのほうが多いんです。だからうまくいってるんです。中には完全なSの女もいますけどね、亭主に馬乗りになる、それはセックスの場合だけの話ですけどね。亭主を虐待するんですよ。馬乗りになって叩いたり首に縄かけてつるしたりする女いますけどね。それはそういった女に対抗できる男でないとぐあい悪いわけで……。
小沢　そこまでいくと、世間的には〝変質者〟というハンコを押されるんでしょうけど、たとえばキッス一つにしても男が女に強くキッスしてアザをつくる。すると女も「アザができるくらいに強くしてもらいたい」という。またやたらに男に強く噛んでもらいたいとかいう女性いますね。あれはやはりMっけがあると思えばいいんですか？
団　女が男を噛んで、また噛みかえして欲しいというのいますね。それはMっけがあるとみてもいいし、いちがいにはいえませんね。だいたいその気があるかないか見分けはつきますけどねェ。
小沢　たとえば、どんなところからそういう鑑別法というのが出てきますかね。
団　結局目ですね。夢見てるような目がトローンとしている女というのは、Mっけが多いですね。遠いとこを見てるような目付きをしてる女のコに多いですね。
小沢　近眼、乱視は別として……（笑）。

団　たとえばあのコのように（と同席のヌードモデルを指差して）……あるんじゃないかと思うんですけど……。
小沢　そうすると、目が非常にロマンチックにうるおうわけですね。
団　それがまたSの男性をくすぐるかというとそうでない場合もありますね。その気のないのを男性が求める場合もありますし……私はMだわよ、といってもSの男が嫌厭する場合もありますし。それがピッタリ合うということはなかなかあり得ないわけで、それを空想上たのしむというために マニアの好きそうな小説を書くわけです。実際あれにあこがれてカネを出すからどうかといいますけど、小説読んでるほうが。
小沢　もっと理想像が出てくると……。
団　結局「夢だ……」ということですね。

団鬼六さんは、滋賀県琵琶湖のほとり彦根城下の生れで当年三十九歳（いまはそれにプラスα）。大阪で関西学院大学英文学科卒業のころ文学を志し、一時は『オール讀物』の新人賞に入選。以来純文学にあこがれてその道にすすまんと、新橋にバーを経営すると同時に相場に手を出して失敗。その後、三浦三崎に移り中学校の英語教師をやりながら「純文学ばかりが小説でない」と、エロ小説（と団さんはおっしゃる）を書いて投稿したのがきっかけで、もともと教師の給料では食っていけないこともあったが、もっぱら生徒は自習させておいて教壇で〝エロ小説〟を書いていたとオッシャル。

　このエロ小説の送り先は、大阪の『奇譚クラブ』をはじめ東京の小さな出版社だったが、これがどんどん当り出した。つまり、注文が増えて原稿料が上り出したのである。そのころ前の純文学の友人が集って「われわれの本でも出そうじゃない」という話もあったが、返本のことを考えると「それより人を楽しませる面白いものを書いてたほうがいい」と、だいたいSMつまり「サド・マゾ」のマニアは全国で約一万五千人。根が大阪人だから出版社に協力するクセがあるといいながらも、『奇譚クラブ』の場合は「今月は書けない」というと「原稿用紙一枚について百円アップするから是非たのむ」といったぐあいで、結局はギブアンドテーク。いろいろな商売を考えたり手に付く仕事はやってみたが「紙とペンですむエロ小説がいちばんカネになるし、こんな簡単な商売はない」と思ってやっている、という。

〝団鬼六（だんおにろく）〟はもちろんペンネームで、エロ小説を書くからにはホトケのように思われてもしようがないから、いっそオニにでもなってやれ――というのが名前の由来とか――。

　現在、ピンク映画にピンク芝居は、鬼プロダクションの名で経営し、その他新宿にバーと喫茶店も経営「それにエロ小説を書いて、人生こんな楽しいことはありません」と。他人に稼業？　と問われれば〝エロ・グロ・ナンセンス業〟と答えるそうだ。

団　SMのマニアというのは、私の書くようなエロ小説とか、こういった緊縛写真集のようなのは自分らだけがソッとしまっておいて見るのがいいんで、一般に売り出されたりして公表されるのが本当はいやなんですよ。自分たちの花園が知らない連中に荒されるようで、私、年に一回くらいそんなマニアを集めて緊縛をやったりいろんなことをやるんですが、そんな時はチャンと女性を連れて来ておとなしいもんですよ。ところが最近は東映の映画にしても〝縛り〟をやったりするが、映画の監督なんか「緊縛」知りませんよ。ですから私を引っぱり出して指導してくれというんでしょう。一部のマニアは承知しませんよ。

小沢　秘かに楽しむものを、アラワにしたらつまらないというわけですな。

団　自分たちだけで楽しんでるとこへ、土足で上り込まれたという感じなんですね。マニアにとって最近の現象は……。

小沢　作家がものを書く場合に、自分自身の潜んでいる願望であるとか、潜んでいる非常に内在的なものをですね、それを作り話にしつつ原稿用紙の中に埋めていく場合と、まったく自分の体験のそのままを組みなおして書きつづって、いわば自分の記録をつづる場合と、まァ二とおりという分け方も軽率かも知れませんが、ま、分けるとすれば団さんの場合はどっちですか？

団　ぼくの場合は、経験は経験として書いておりますけれどもね。この種の小説を書く場合はそれ関係ありません。ただ、自分が欲情した時に書くわけです。つまり〝発情期〞に書くんです。そりゃこんなものしょっ中書けるもんじゃありませんよ。体がまいってしまいます。

小沢　あァ、冷めてる時はダメですか？

団　ダメですね。たとえばセックスのやり過ぎた時はダメですね。つまり、欲求不満に陥った時に書くんですよ。二、三日東京で仕事をして三崎へ帰りますね。そして三、四日休養するといろいろ妄想空想夢の中に出てきますね。ガマが鏡の中の自分を見て脂アセを流すような状態にはいって、部屋の中にいろいろな写真集を散らしてみたり、そんなのをジーッと見たりしているうちに欲情してくるわけですね。その欲情を大切にして書くだけのことですからねェ。それは立体的に組んでいく小説じゃありませんから……ペンで書くというより気持で書くんですから……。

小沢　血の騒ぎが必要なわけですね。

団　そういうことです。それがないと迫力が出ないわけですね。

小沢　するとご自身は完全なSで……。

団　そうですね、私の場合はSです。それほどひどいSじゃありませんけど、ロマンチックなSのほうですね（笑）。

小沢　すると小説の中に登場して来る人物ほどではないわけですね。ご自身は……。
団　ないない。ただああいうものを空想することは好きですけどもね。まァ55％ぐらいですかな。
小沢　ただし、非常に躍動する55％だということでしょうかね。
団　ブったり蹴ったり血を流すようなことは絶対ありませんから、心理的な責めは好きなんです。それを加味しているだけで……。
小沢　そういうのが一万何千人かのマニアに好かれるんですね。あまりまた血が流れると、血は厭だー、という人が出て何％か減るんでしょうかね。
団　マニアのことをわからない人は、たいてい変質者というものはムチで叩いたり血を流したりつるし上げたりすると喜ぶだろうと、すぐ考えますね　本当はそうじゃないんですよ。ただ心理的にはいじめるのは好きなんですよ。女をさめざめと泣かしてみたいとか、羞恥心をくすぐるとか、恥ずかしい顔つきをさせるとかぐらいが血が騒ぐだけのことでねェ。クーッと苦痛な顔をしてフンじばって血を流してのたうち回るなんて好きな人いませんよ。最初私はそんなんじゃナマぬるいんじゃないかと思ったことあったんですがねェ。ただそこでSM的セックス描写をしているんです。つまり、ベッドシーンに縄がからんでるだけのことですよ。
小沢　伊藤晴雨画伯についてはどういうふうにお考えですか。

団　結局、伊藤晴雨の画集を集めたことがありますけど、時代が違うから陰惨な感じを受けただけで、あれの好きな人いますけど、だいたい私の小説読む人は伊藤晴雨を好きじゃないでしょうねェ。何かこう閻魔堂の絵みたいな陰惨な感じがして厭だというし、伊藤晴雨の強調するのはわからんです。髪の毛だしね、高島田が崩れて残酷味があると──彼の狙いはそこなんですよ。それは時代のせいもありましてね、あの頃は。……いまそう女の髪に執着してる男はないと思うんですよ。やっぱりビキニスタイルとかカッパスタイルとか、それに対して緊縛が流行ってきてるわけですよ。やはり、大正時代ならその時代のマニアの嗜好がありましたし、明治は明治でありましたよ。現代には現代的な嗜好があるわけですよ。そうするとその気の崩れた奴が毎年毎年生れてくるわけですから、そうすっといまの『花と蛇』も十年二十年たてば「あァー昔は、こんなだったのか？」ということになりますからねェー（笑）。

小沢　そうすると、時代風俗というものと密接にからみ合ってるわけですな。

団　ですからこんど、芳賀書店でデラックス版の時代劇を出してみたんです。やっぱり時代劇ですから、武家娘、高島田、小町娘、やっぱりそういったものの好きな人は年輩の男ですね。若い人は数少ないですね。

小沢　やっぱりミニスカートでやってもらいたいんですね。

団　ぼくはどっちかというと時代物が好きなんですけどね。エロチシズムはそのほうがあるわけですよ。たとえばキモノのはだけぐあいとか髪の崩れぐあいとか、白足袋からキモノのすそにまつわる肌のすけぐあいとか、それにからませて雲助がカゴに女を押し込んで運んでるとかというところにエロ味があるわけですね。とにかくマニアの好みは複雑怪奇で、SはSでも時代がかったものや、キモノの好きな人もいるならば、髪の毛も断髪のがいいという男もいるしね。長い髪の毛がいいという男もいるしね。そのチャンネルにいかに合わすかという場合、こういった写真集も苦労しますけども、その中で一枚か二枚、自分にピタッと合うものがあればパッと買っちゃうわけですよ。

小沢　つまり一部ポイントが合えばねェ。

団　そう十中十を満足させることはできないですよ。しかしホントのマニアというのは五十枚の写真のうち一枚合えば買っちゃうわけですよ。ぼくだってそうですね。ですから東映の映画にしたって一カ所ピタッと合えばもう一ぺん見に行きますよ。

小沢　Mのほうのものはお書きになったことは？

団　それはさっきいったようにSはMを非常に嫌悪するんですよ。

小沢　トルコなんかで働いていらっしゃるお嬢さん方に伺ってみますと、例の〝奴隷屋〟さんがしばしば現われるらしくて、それもずいぶん苦労してあさって歩いてるらしゅうございますな。

団　トルコ風呂の場合は、ほとんどMの男が利用するのに便利がいいですよ。あの指における行為そのものがマゾヒスチックなものですからね。Sの人間というものはあんなの好きじゃありません。自分が行動を起さないと、いわゆるあのスペシャルというのはMを喜ばすもんで……。

小沢　どだいすでに受身的なもんで……。

団　私の知ってるトルコでも一日にかならず三、四組のオカシナ奴がやって来るといいます。どんな奴かというと、乗っかってくれとかツネくってくれとか、尻を顔に乗せてくれとか……ただチップを人より余計くれるから、いうこと聞いてやるといってた。その連中は一回行ったとこ二度と行かないですよ。それでそういったとこを転々とさがして歩いてるんですね。そこの女は「トルコ風呂の客はただあそこだけさわってやれば喜ぶと思ったらとんでもない話だ」といってますよ。女より性感帯がはげしいですよ、いろいろ複雑でねェ。女の体は複雑だという話は聞くけど、本当は男のほうが複雑なんですよ。また女の肩を揉んで背中流してチップ置いて帰るオカシナのもいるというんですね。女は「いったい何しに来るんだろう」といってます。

小沢　そんなの三助さんにでもなりゃいいのに。

団　また「自分のあそこだけジーッと眺めていてくれ」というのがいるんですね。そのうちにドカーンとやっちゃうんですね。それから自分でノリを持って来て、トルコ嬢に体中ぬってもらって喜んでるわけですよ。だから〝化けもの性〟は男のほうにあるということですね。

小沢　しかしそういった男の人たちより、S気の人のほうが多いんでしょうが、そのS気の人が日常の生活の中で、いわば合法的にといいますかね。Sを満足させているということはどういうことなんですか？『奇譚クラブ』友の会かなんかにはいって、たまにはそういうのに出るのもいいですけど、そうのべつあるわけではなし、トルコ風呂のごとくに日常チョッとオカネを使えば自分のS気分を満足できると、いうようなチャンスなり場所なりはあるもんなんですか？

団　それはないでしょうねェ。ただそういった悩みを持った男もいるし女もいるわけですから、それが時々ああいう雑誌の読者通信なんかで「Mの女性を紹介してくれ」なんて。

小沢　縷々《るる》訴えてますなァー。

団　そういうのでMだという女性に何人か会ってますけどねェ。やっぱり男性を紹介してくれといいますね。結局、人妻であっても亭主はそういうことを全然してくれないから「私は不満足で女だてらにああいう雑誌読んでるけども、コレクションだけでは物足りないから雑誌社のほうで私に相手を見つけてくれないか」という切実なもんなんですよ。

小沢　あれ普通見ると、どうも〝ガセネタ〟というふうにみなされるんですけど……。

団　ぼくもはじめそう思ってましたけどねェ。そうじゃないです。私も何人かの女性に会いました。

小沢　もちろんそうでしょうな。そういう女の人がいないことには片方のほうもいたさないわけですからね。してみますとあれですな。ゲイの人にはゲイバーがある。レズの女ならそういうレズビアンバーもある。またMの気の人ならそういったトルコ風呂を探せば、いろいろと弄んでくれると。Sの人にはそういう意味の場所がないですな。

団　だから何か考えませんとねェ。

小沢　こりゃ新しい商売として考えていいんじゃないですかねェ。そこへ行きゃ、うち打擲できるとか……ゴムの人形かなんか置いておいちゃ……ダメなんだなァ本ものじゃないと。

団　椅子そのものが女性のカッコしたものだとか、そんなのものできてきますよね。

小沢　はいって行くとホステスがうずくまって本当に椅子になってくれると、で二時間でも三時間でもそれに腰掛けたまんま飲み食いができる……。

団　そういった秘密クラブはボチボチでてきそうな感じしますね。

小沢　それが秘密じゃなくてですね。別にワイセツじゃないんだ、非常にこの女性は日本的な美徳にあふれていて男性にかしずいているんだ。だからハダカじゃないではないかと、チャンとキモノを着て数時間こうやって椅子の代りになって耐えてるのである……というふうなことぐらいでも、やる人が出て来てもよさそうなもんじゃないかと思うんですけどねェー。

団　そんなのもボチボチ出て来るでしょうねェー。

団　普通、緊縛師というのがいるんですがそれがいちいちやってくれまして、私はただポーズをつけるだけなんですが、たいてい会社の社長さんであるとか有名人なもんですから、きょうはテレちゃってやって来ないんですよ。このコ（モデル）はうちのタレントなんです。

小沢　縛られる女性だけのクラブみたいのはないんですか？

団　さァーそういうのは聞いてませんね。

小沢　こうなってくると個人的な志望者もあるんじゃないですか？　直接手紙を寄せて「話を聞いてもらいたい」とか「私をモデルに縛ってもらいたい」とか……。

団　えェずいぶんありますよ。あんまり変なのは厭だけど「しかるべき紳士を紹介してもらいたい」と、中には「月々七、八万円の手当が欲しい」とか「それなら縛られてもつるされてもかまわない」とか……。

小沢　オカネを出すという女はいませんか？　そのかわりいい縛る人を見つけてくれと……。

団　オカネを出すという女はいませんね。

小沢　やっぱり女の人はオカネが欲しいんだな。そのへんは男のほうは純情だな。女はカネは欲しいわ、縛られてもみたいわなんだからね（笑）。

団　結局自分の欲望を満足させてもらってカネも欲しいというんですからチャッカリしてるんです。人妻が多いですよね。プロ野球の選手だとかタレントさんであるとかそういった有名人を紹介してくれというんですよね。

小沢　それなんかぼくの友だちと付き合せたいですね。テレビを見れば「あァーあの男か」とすぐわかる人ですからね。そうすっとぼくも毎日毎日本を買ってやる手間もハブけるし、何かいい「プレーの配偶者」をねェ、見つけてやりたいとかねがね思ってるんですが、私の捜査網の中にはなかなか出てこないんですよね。もったいないですよ。あたらここに一人の〝縛リスト〟が徒手空拳をさらしてるわけですからね……（笑）。

ここでヌードモデルの緊縛写真撮影

小沢　橘悦子さん、どうぞよろしく……橘さんいかがですか、さっきからいろいろ団先生の話もありましたけど、女性というものはMのほうの感覚が生れながらに強く持ってるということは、やはり実感としてお感じになります？

橘　そうですね。自分でやられるのはそれほど、キズがつくほどじゃ厭だけど、考えると楽しいですね。フフフ。

小沢　普通よく女の人でも、空想の中で泥棒だとか暴徒に強姦される、つまりいきなり全然見ず知らずの逞しい男がガラス戸をこじ開けてはいって来て、自分のことを強姦しちゃうと……実際にそんなことがあればそれは厭なことかも知れないけど……空想の中で思う分にはしばしば女の人は夢に描くとよく聞きますけど、やっぱりそうですか？

橘　やっぱりそうですね。考えるだけなら楽しいですよ。

小沢　あァなるほどね。そうすっと、現実に見ず知らずの男にやられちゃうと、殺されちゃうかも知れないから困るけれども……そういう恐怖心なしで、やっぱりそれ的に行なわれるならば、そういうセックスって女の人にとっては素晴しいもんなのかしら？

橘　そうですね。私はそう思いますけどね……。

小沢　なるほど……どうですか、お芝居なんかでも縛られたりしてそれを度重ねていると、実生活のセックスでも「そういうふうにしてもらいたい」とだんだん成っていくもんですか？

橘　私はまだそこまではいってないんですけどねェ。

小沢　でもいきそうな予感はする？　どうかしら……。

橘　すこおしくらいだったら、やってもらったほうがいいんじゃないかしらあっと思うことあるけど。

団　厭な男にされるのはやだろうけど、好きな男だったらいいだろう？
橘　そうですねェ。
団　何されたっていいもんなんだよ。
小沢　そのへんから徐々に徐々に……つまりこの前も伺ったことなんですけどね。非常に忍耐強く、少しずつ少しずつ女性を馴らしていくんだそうですな。そこに妙味があるんですかね。
団　そうです。二年ほどかかりますよ。完全に飼育してしまうには、なだめたりすかしたりして感情をかき立てたりしながらね。
小沢　ベトナム戦とおなしですな。エスカレートしていくことは……。
団　そうなんですね。昔私と同棲した女性が、二年ばかりでそういうことをおぼえた女がね。別れてまた結婚したんですけどね、亭主が全然そういう気がないもんだから、やはり、よろめいたりするんですね……。
小沢　あの橘さんは本当に浅丘ルリ子さんに似てますね。似てますよ。笑い顔なんかも……。
団　最近はいって来たんですよ。
小沢　バストなんかむこうはそんなによくないですよ（笑）。橘さん、はじめて縛られた時、抵抗感じなかった？

橘　えェーそんなに、全然……。

小沢　じゃ縛りの人がよかったんだ。その前にはヌードやってたんでしょう?

橘　ほんのチョッとだけ……。

小沢　チョッとヌードやっててすぐ縛られちゃった。でもどんな感じでした縛られた時

……ヌード写されてる時と……ブラジャーの代りにヒモがあるくらい?

橘　私あんまり感じなかったですね。楽しかったですねはじめは……でだんだん馴れてくるにしたがってチョッとやな感じがしてきて、このごろはまたそうでもないですね。

小沢　その、やな感じというのはどういう感じなんです?

(残念テープが切れた)

人肌に彫る
彫清さんに聞く

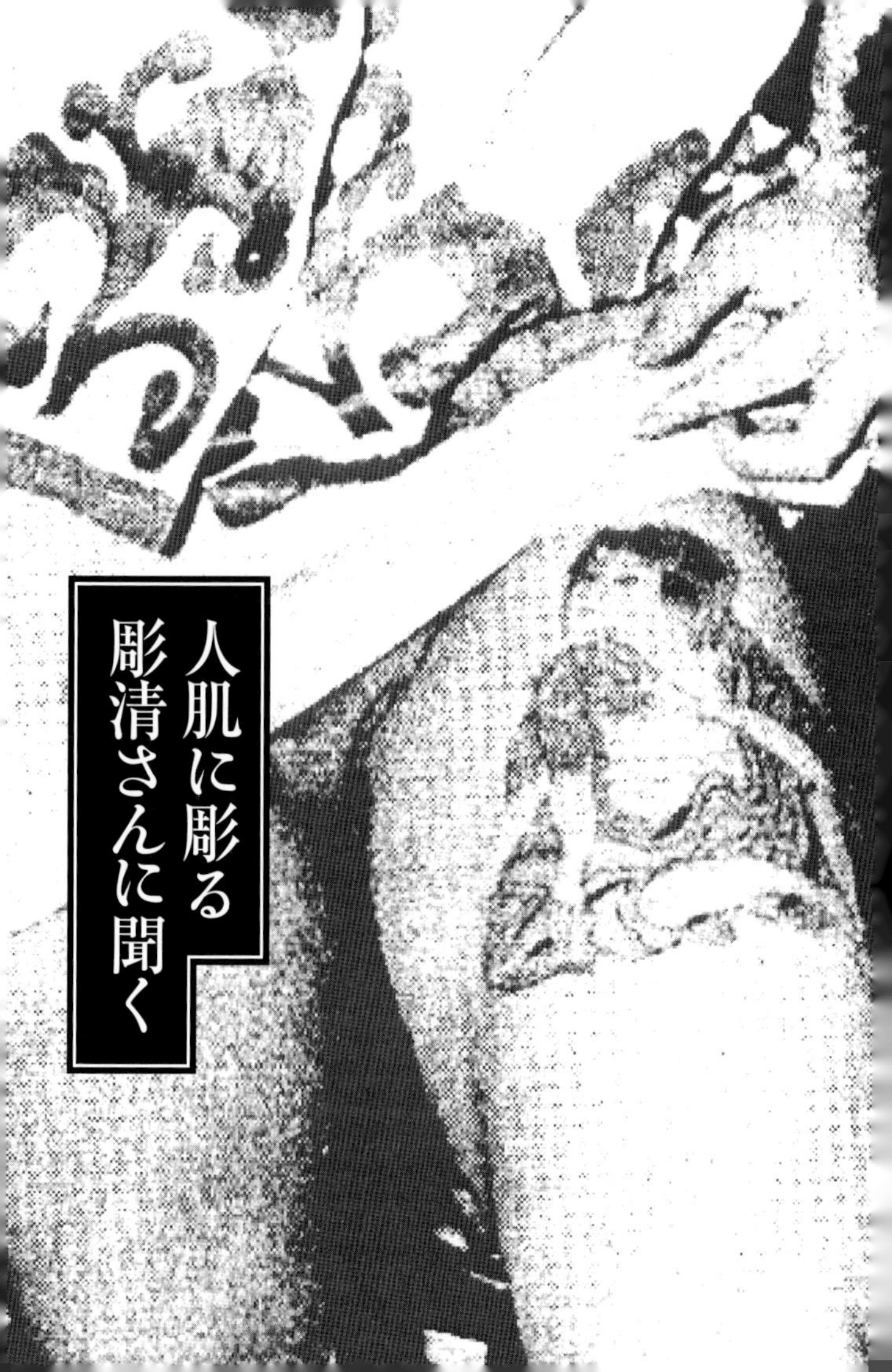

小沢　彫清さんというのは、無論彫師としての名前で、もういっぽう劇画もお描きになるわけで、劇画家としては凡天太郎さんですね。
彫清　そうです。
小沢　劇画は、いまたいへんなブームなわけですが、このブームというのは……。
彫清　まァ、くるべくしてきたブームじゃないですか。なにも、いまはじまったもんじゃないんで、昭和十二、三年頃ですか、山川惣治さんなんかがやってますよネ。満州かどっかの鉄道の少年警備隊のはなしかなんか。もっとも、当時は劇画とはいわないで、絵物語なんていって、文章が半分くらいですね。戦後にも、この絵物語の黄金時代というのがありまして、ぼくなんかも、この時分から描きだしたんです。その黄金時代というのが五、六年続いて、それから漫画ブームです。もう文字を読むのが面倒になっちゃってきたんだ（笑）。映画でいえば、文字はセリフにあたるわけなんで、セリフくらいは読んでくれないと……（笑）。ぼくも、この絵物語から漫画に転向しましてネ。それがまた徹夜、徹夜で、ひどいときは三十分くらいしかねむれない。ねむるんじゃないんだ、手を動かすのをやめるというだけ……これじゃ殺されると思って、五、六年やめました。あっちこっち旅をして歩いて、泥まみれになって、それまで、児童ものを描いてたんですが、泥まみれになっちゃ、児童ものは描けない。それで、いまオトナものを描いてるんです。いまの劇画には、漫画にない、リアルな面白さがあるでしょう。ああいうものは、以前から要求があったんですネ。外国なんかにも、かなり古くからありますし、十セント漫画とか……。

小沢　その劇画といいますか、絵のほうと、彫物とはどちらがお先だったんですか。

彫清　ほとんど同じですねェ。ぼくは京都で絵の勉強してたんですけど、たまたま下宿の二、三軒先に彫師がいたわけですよ。

小沢　なるほど、偶然ですな。

彫清　はじめ、なにやってんだろうと思ってねェ。夏なんか垣根ごしに見るとね、座敷を開けっぱなしにして、何かこうゴソゴソと、アンマみたいに……（笑）。それが彫師なんですネ。ふつうだったら、なかなか見られない光景が見られたわけですよ。それで、ぼくは画学生だったから「見たいんだけど」といったら、見せてくれました。それからは、学校行かないで毎日行きました。絵の勉強よりも、そっちのほうに夢中になりましてね。むこうには、内弟子も四、五人いたんですけど、弟子に教えないで、ぼくには手とり足とりして教えてくれたんです。というのも、ぼくが彫師になるとは思わなかったんでしょう。絵描きのタマゴだという気安さもあったんでしょうね。それで覚えちゃったんです。ぼく自身も、そのときは彫師になる気はなかった。ただ、これは素晴しい芸術だという気持だけでね。

小沢　その方は、なんという彫師で？

彫清　彫金といいます。最初はわからなかったんですが、その後、いろいろと彫物の研究を続けてわかったんですが、このひとは日本の彫物史上欠かせない人物だったんですね。彫物というと、むかしから「水滸伝」の英雄豪傑でしょ。ところがこのひとのは、菊と金魚。考えられもしない図柄なんです。

小沢　いわば、彫物のなかの前衛だったわけですネ。

彫清　そうですね。男らしいということで鯉を彫りますよネ。それだけじゃサマにならないんです。腕だけだったら、両方に上り下りの鯉でいいんですけど、全身となると五、六匹の鯉ぐらいじゃサマにならない。そこで、色をそえる意味で金魚を散らすとか……。花ですと、日本では、桜に牡丹というのが相場なんですネ。日本の彫物は、本格的になってから百年くらいのものなんですが、そのあいだに、いろんな彫師がいろんな図柄を考えて、やったにちがいない。梅をいれたり、あやめをいれたり、水仙をいれたりしたと思うんです。けれど、サマにならなかった。それで、桜と牡丹ということになったんですネ、身体にいれて、いちばん見映えがするという……そういう考え方をつきやぶって、菊をとりいれたんですからネ。それに、彫金さんの菊というのは素晴しいですねェ。

もうなくなったんですが、横浜に彫留さんというのがいて、この方も菊がうまかったんです。というのは、やはり彫金系統のひとだったんじゃないかと思うんですよ。同じ図柄ですね。あるいは彫金さんの図柄を盗んだか……とにかく菊は彫金さんのものでしたね。そうしたことが、ぼく、最近になってやっとわかったんです。

小沢　たまたま偶然会った彫物師くらいにしか思わなかった。

彫清　そうですね。

小沢　彫師の修業というのは、最初はどうやって……。

彫清　大根で彫るんです。大根を三日ほど陰干しにして置くんです。そうすると皮が縮んできますね。

小沢　あァ、人間の肌とおなしように。

彫清　そうです。それで勉強するんですが、大根の山を築くくらいでないと、うまくはなれないと……。

小沢　大根とはまた、役者には耳の痛いはなしで（笑）。

彫清　しかし大根では、感じがでませんねェ。ですから、ひどいやつは犬をつかまえてきたり、猫をつかまえたりして、毛を剃って彫るわけですよ（笑）。

小沢　とにかく生き物でやらないと（笑）。

彫清　このあいだ、ぼくもね、ボクサー種の犬が桜のを彫ってる劇画を描きましたけど、みんなびっくりしましたネ。じっさいに、犬に彫るということはあるわけですよ。お客さまはいないけど……（笑）。

小沢　試験台にはなるわけですネ。犬でも。ご自分の肌には？

彫清　そりゃ彫ってます。じっさいに自分の肌を突いてみないと、墨のぐあいとか色のぐあいはわからないですよ。ほら、ごらんください。

小沢　なるほど、見事なもんですな。それはやっぱり鏡を見ながら？

彫清　手のとどくところは自分で。とどかないところは弟子にやらせながら、鏡をのぞいて、「ああしろ、こうしろ、そうじゃないッ」と……（笑）。

小沢　いったい、どれくらい痛いもんですか、あれは。

彫清　そんなに痛くないですよ、ぼくが彫ってるくらいですから。そりゃア、たしかに突いてるときは痛いけど、痛さがちがいますからね。小便もらすほど痛くはない（笑）。もちろん個人差はありますよ。ひとによっては、桜の花びら三つで急用を思いだしたりネ（笑）。そういうのが結構いるんですよ。それもターザンみたいな顔の男がねェ。

小沢　ターザンが急用を思い出すってのはいいねェ（笑）。

彫清　そうかと思うと、骨だけみたいなのが案外根性があったり……だいたい肥満症は痛がりますネ。ガイコツのほうが痛がらない。

小沢　水っ気があるほうが強いみたいですけどねェ。

彫清　結局、針の使い方で、おなじ彫り方でも、痛い彫り方と痛くない彫り方があるんです。ですから、その辺でイキがってるチンピラなんかくると、痛い彫り方をやってやるんです（笑）。

小沢　天誅を加えるわけですな（笑）。

彫清　そうそう。そうすると翌る日からじつにおとなしくなる（笑）。そのかわり、職人とかトビ職とか、ほんとに美的感覚でくるひとには、なるべく痛くないように……つまりそうやって、仕上げるまでに洗脳しちゃうんですよ。「彫物というものは、おどかしやカッコよさで彫るもんじゃない」と。

小沢　ああ、それはいいことですな。

彫清　むかしから、彫物は度胸だめしということもあるけれど、第一に美しいものだと。それには最後まで仕上げること。途中でやめたら、こんな薄汚ないものはないんで……だから金も払いやすいように、たとえば千円しかないとき、それだけでもいいから持ってこい、その分だけ彫ってやると……。

小沢　イージーで、クレジット丸井彫りという……（笑）。

彫清　むかしから、彫物してるあいだは、酒と女は禁物とされたんですけど、こういうことなんです。つまり、酒と女は金がかかるでしょう。ゼニがそっちへ流れちゃうんですな（笑）。

小沢　それと時間なんかも、約束のときにこなかったり、生活がルーズになると……。
彫清　生活が乱れると、皮膚が荒れますしね。徹夜麻雀なんかでくるのには、「きょうはやめたほうがいいよ」と帰すんです。「痛いよ」っていうんです。
小沢　女の痛がり方ってのは、どうなんですか？
彫清　女は痛がらないんです。もちろん、突きはじめは痛がります。けど、十分も突いてると、もう痛がらない。
小沢　なんかと似てますなァ。最初は痛がるけど……（笑）。
彫清　ほぼおんなじです（笑）。女は神経がにぶいというか、また、痛いということが、性的快感につながっていくんですネ。男と女の構造がそういうふうにできてるんですネ。サドとマゾで、男が突くほうで、女は受けるほう。神さま、うまくつくってる。お産だって、ものすごいんでしょう。ああいうのに耐えられるようになっている。神経的にもね。
小沢　それでわたし、以前考えたことなんですがネ。墨に、なにか薬品をいれて、痛さと同時に快感が味わえるというようなことで、ある種の陶酔にもっていくというのは？
彫清　麻酔彫りといいましてネ、麻薬の粉を針の先につけたり、墨にいれたり、方法はあるんです。昔から。
小沢　あることはあるんですね。

彫清　いまは薬が手にはいらないから。むかしは、よくわき腹とか、お尻とか痛いところを彫るときに用いたんです。お尻のポチャポチャしたとこ、痛いんですよ、いちばん。

小沢　なんやらをやったとき、あそこへペニシリンやられますなァ、あれ痛い（笑）。

彫清　どんなひとでも、ここへくるとケイレン起こすネ。それを、ふるえないように、ここだけが馬のりになって彫るんですけど、手もとが狂って、針があさってのほうへいっちゃったりする。背中から太股までを、われわれ「額に仕上げる」っていうんです。背中を仕上げるというのは、股から背中にかけて長い額になるわけですよ。で、下にくるほど痛くなるもんですから、だんだん日数がかかって手間どるようになる。

小沢　やっぱし痛いんじゃないですか（笑）。

彫清　むかし、火消しが彫物をやったのも、あつい痛さに負けない身体をつくるためだったんですから。でも、いまはそんなに痛くない彫り方がありますから（笑）。

小沢　彫り方にも、いろいろ系統があって、痛さのほうも、それによって？

彫清　たとえば、真っ黒くつぶすんだって、ただ突いていくだけじゃ、針切れができて、ブツブツ墨のはいっていないとこができちゃうんですよ。それを、真っ黒くするために、ハネ彫りというのをやるんです。バチッ、バチッと、上へハネてくわけです。バチッと上へハネると、皮膚が切れますネ。その切れたあいだに墨がにじんでいく、そのにじんでくことで針切れをふせぐわけです。ところが、関西ですと、突き彫りといいまして、ただ突くだけなんです。これだと、針を突いて、次の針へいくとき、チョコッとでもすき間ができると、そこだけ墨がはいらない。そこは、あとでもう一度突いても墨ははいらないんです。

小沢　不思議なもんですねェ。それを解決するのがハネ彫りなんですか。けど、そのハネるというのは、こりゃ相当痛いでしょうね。

彫清　小沢さん、じつは突き彫りのほうが痛いんですよ。皮膚と神経のネットが張ってるところまで針を突くんですから。ハネ彫りのほうは、バチッバチッと音のほうはすごいけど、それほど痛かないんです。というのは、バチッとハネることで、神経を麻痺させちゃうんですネ。ボカシは、だんだん薄くなってくことですが、同じとこをハネてくんでそんなに痛くないんです。それに針も浅いんです。けれど、筋彫りといって、線ですね、このアウトラインを彫ってく場合は、少し深いとこまで刺すうえに、新しいとこ、新しいとこ彫るわけで、多少痛い。だから、この筋彫りに耐えられれば、もう仕上ったもおなじことですけどねェ。ところが、筋彫りでこんなに痛いんだから、真っ黒にするのはなお痛いだろうなんて……（笑）。

小沢　いますナ、よく筋彫りだけでやめてるひとが（笑）……ところで、彫物ってのは、法的にはどうなっているんです？　いつか禁止されたように思うんですが？

彫清　いまはなんでもないんです。明治二年に、新しい明治政府の石頭どもが……。

小沢　野蛮な風習であるとか、未開人と同じであるとかから……
彫清　そう、禁止したんですね。ところがその時分、ヨーロッパでは優雅な遊びということで、さかんに流行してたんです。
小沢　日本が手本にしてた西欧でね。
彫清　現に、デンマークやイギリスの皇太子が日本に来て、彼らの王侯のしるしであるところの、ドラゴンを彫ってもらって帰ってんですからネ。
小沢　あァ、そうですか。
彫清　当時の宮内省じゃ、そのイギリス皇太子の申し入れに、あわてて彫師をさがしたんですね。なにしろ了簡のせまいその時分の役人が禁止しちまったんだから、そうかんたんに見つからない。
小沢　相当重い罪になったんですか？　当時は？
彫清　一種の軽犯罪でしょう。
小沢　つまり立小便なみ（笑）。
彫清　やっとのことで、いまは三代目ですが、当時名人とうたわれた初代の彫宇野というひとを見つけて、このひとが宮内省の命令をうけて、伊豆の修善寺にいた皇太子を彫ったんですね。
小沢　やはり、日本の彫師の技術を評価したんでしょうな。

彫清　そうです。むこうには彫師なんて、はいて捨てるほどいますからね。日本には何人もいませんけど。
小沢　日本の彫物は芸術的ですよね。
彫清　それが、むこうから彫ってくれといわれたとき、こっちじゃ禁止してたんですからね、お笑いですよ。その皇太子が国へ帰って、それを見たイトコというのが二人、また日本で彫っているんですよ。それにもかかわらず、昭和二十二年まで、この禁止法は生きてたんです。
小沢　しかし、そのあいだに、いい彫物がどんどんできあがっていた（笑）。
彫清　この禁止令がなかったら、もっと素晴しいのができていたでしょうね。だいたい、日本じゃ、入れ墨者とかいって、彫物にたいする印象が暗いですネ。歴史が暗いです。三千年も前から刑罰として使われていたから。江戸時代の島送りなんていうと……。
小沢　腕のところへ前科のしるしとしていれられたり……。
彫清　だから、火消したちは、そういうのと区別するために、「俺たちのは彫物なんだ」と……。
小沢　なるほど、入れ墨と彫物を区別した。
彫清　去年、ぼくは、世界の彫師たちを訪ね歩いたんですが、その時アメリカへも行ったんです。アメリカでもちゃんと区別してるんですね。「タトー」と「スキン・イラスト」ということを。

小沢　なるほどなるほど。タトーが入れ墨で、スキン・イラストが彫物ですか。

彫清　そういうことです。ワーナーの映画に『いれずみの男』とかいうのがあって、全身に彫っているロッド・スタイガー扮する男が、湖で泳いでるんです。もうひとりの若い男が「素晴しいタトーだ」というと、ロッド・スタイガーが、「二度とタトーと口にするな、殺すぞ、これはスキン・イラストだ」と怒るんです。このスキン・イラストをぼくは、日本語に訳して「肌絵」といってるんですがねェ。

小沢　あァ、イイなあ肌絵ね。

彫清　ぼくはいま、墨を使わないで、色だけで彫っているんです。オーストラリアから色を輸入して。何色でもあるんですよ、むこうには。日本は、これだけ技術が発達してるのに、墨と朱としかない。

小沢　日本の場合、彫師の技術だけが先行しちゃって、材料のほうが間にあわない。

彫清　禁止令が長かったから、仮に、カラーの材料を研究しても商売にはならなかったでしょう。

小沢　御用になるほうがはやい（笑）。

彫清　外国じゃ、「タトー・パーラー」と看板かかげた店舗が、堂々と軒をならべてますからね。職人を五、六人おいて、「誰々コーナー」とか「誰それコーナー」とかあるんです。お客はお客で、「誰それはカード彫りが得意だから」と、自分のコーナーを選んで行けるんです。

小沢　やることが合理的ですね。

彫清　その職人たちも、タトーアーチストとよばれて、立派に商売になってるんです。

小沢　そうでしょう、そうでしょう。技術者であり、芸術家でもあるんですから。

彫清　ニューヨークから汽車で三時間くらい行ったとこに、アルバニーというとこがあって、そこにタトーアーチストでありながら、彫るマシンを製造している、スポーディングブラザースってひとがいるんです。

小沢　彫る機械というと、針ですね。じゃあミシンみたいなもんですか。

彫清　そうです。じつに合理的にうまくつくってあります。ふつう、われわれのは三本の針を使ってチョコチョコ彫りながら墨をいれてくんですけど、腕が狂うと針と針とが重なったとこが太くなって、見た目も汚ないんですが、その機械ですと、アウトラインをビュウーっと描いてくんできれいなんです。それで濃いところから薄いとこへのボカシを手で彫ると、とてもきれいに仕上るんです。

小沢　あ、やっぱり機械だけじゃだめ……。

彫清　ところがその機械、お金をおいてきたんですが、まだ着かないんです。オーストラリア行ったとき、女の彫師で、シンディ・リイさんというのが、やはりそれに似た機械をつくってるんで、一台売ってもらいましてネ、いまそれ使って筋彫りをやってます。きれいに彫れますよ。

小沢　それにしても、スキン・イラストですか、肌絵というのは、いい言葉ですな。

彫清　いま、若いひとは、彫物に暗い印象なんて、少しも持ってませんよ。それで、スキン・イラストかならずしも針で彫らなくてもいいんじゃないかと、私、いってるんですよ。描いてもいいいんじゃないかと。というのは、服飾ってのは、だんだん衰微してくと思うんですよ。つまり文化度が高くなれば、薄着になってくでしょう。現に欧米なんか、室内では冷暖房が完備して、薄物一枚でいられる。日本もそうなりつつあるわけで、そうすると、シースルーとか、身につけるものがだんだん少なくなってくるわけでしょう。露出度が多くなると、人間本来の装飾本能は、未開人じゃないけど皮膚をかざるほうにむいていく。「それじゃ、いっそ肌へ絵を描けばいいじゃないか」ということになるでしょう。いま、肌へ描いても、一週間や十日は落ちないのがありますからね。今日はなんのパーティだから牡丹の絵を描くとか、または蝶の絵でいくとか……。

小沢　あなたに抱かれて私は蝶になる……（笑）。季節にあわせることもできますネ。

彫清　描いてもらうのが面倒なのは、ワッペンみたいなものがあって、ペタンとはるとか。そんなもんじゃ満足できないひとは、針で彫ればいいんで……その針で彫るんだって、ヨーロッパなみに簡単にネ。靴みがくみたいに。香港なんかそうでしょ、ずらりと並んでる。そうなると、外国と日本のちがいは、図柄も技術も、ぐんと芸術的なことでしょう。

小沢　つまり、日本のは作品ですな。

彫清　ですから、皮膚をはいで額にかざっといても芸術品として残るやつ。東大の医学部にありますネ。あれはあくまでも医学的な資料なんで、これからは芸大の資料室におけるような……。

小沢　ところでその、お金なんですがネ。いったい彫物ってのは、いくらぐらいするもんなんですか？　相場というものは……。

彫清　だいたい背中を額に仕上げるのに、百時間かかるんですよ。一時間の相場というのが三千円から四千円なんです。そうすると、背中は三、四十万円でできあがる。それから前へまわって、全身で百万円ぐらいですね。ですから、新車一台身につけてると思えばいいわけ。

小沢　しかし、洋画にしても日本画にしても、百万円の絵といったら、いまはたいしたもんじゃないですよネ。となると安いもんですな。

彫清　安いですよ。もっともピカソの彫物となると、はなしは別で……（笑）。この前、海外のドキュメントでやってましたけど、バイト学生が生活費に困って、お尻に彫物をやってもらって、そいつを外科医ではがしてもらうと、またそいつを買うやつがいるんです。学生は、それで一年間生活できるんですネ。
小沢　文字どおり、身をはいで生活するという（笑）。
彫清　そのうち、また皮ができてきますから、全身彫っておけば、一生生活に困らないことになりますよ（笑）。
小沢　いまの若い人は、やはり近代的な図柄を要求されるでしょう。
彫清　いまのは誰でも「きれいだなァ」といいますけど、むかしの彫物は、きれいというんじゃなく「すごいなァ」でしょう。というのは、図柄が勇ましいものばかり、児雷也とか花和尚だとか……いまは、花だとか、人物なら花魁、羽衣など。きれいなもんです。
小沢　私も、撮影所で、監督に「小沢君、この役は彫物でいこうよ」なんていわれると、もう観念しちまうんです。肌に絵を描いてもらうために、撮影所には早く行かなきゃならない、風呂にははいれない（笑）。
彫清　篠田（正浩）監督の『無頼漢』……。
小沢　あ、あれは私も出ました。
彫清　あれにうちから行ってるんです、五人ばかり、全身彫れたのが……。
小沢　ああ、あれはおたくの？
彫清　そうです。あれで四、五年かかってるんです。こんど、私「スキン・ファッション」というのをやりますけど、肌をデザインするという……つまり身体全身デザインしたら洋服いらないんじゃないかと思うくらい。

小沢　ほんとですネ。ヌードという感じがしないでしょう。

彫清　女性の肌絵ってのはいいもんですよ。殺された、例のフーテン・マコ、あれ、ぼくもよく知ってるんですが、あれの太股のとこへ彫物があったでしょう。マコと同棲してた彫師が彫ったんですが、いい男ですよ。

小沢　じつは、ここへ来れば、きっとその後の消息がわかるんじゃないかと……。

彫清　いま彼氏、名古屋でちがう女と同棲してますが、その女も背中に彫られてますよ。

小沢　女性は男性よりも痛がらないから、どんどん彫らせるんですかね。

彫清　女の場合、その痛さがセックスと密接な関係があるんです。小沢さん、男のカリ首のとこへ彫ってあるの、見たことありますか？

小沢　いいえ、まだないんです。

彫清　じゃア、写真を見せましょう。

小沢　あ、こりゃア見事なもんですね。極彩色じゃありませんか。

彫清　タマもなにも、全部彫ってあるでしょ……このサオのとこは七福神の面が彫ってあるんですよ。それに、ここのカリ首の境の両方に輪っぱがぶら下がってるでしょ、これがまた女にはこたえられんそうですよ。

小沢　これはもちろん純金でしょうな。
彫清　いいえ、十八金です。純金だと曲ったりすりへったりしますから（笑）。
小沢　いまも彫ってらっしゃる？
彫清　だいたいなにやってもあきっぽいんですよ。あきないのは、絵を描くことと、彫物……これだけは感心にもう二十年やってますからネ。絵もネ、途中であきることあるんですよ。そういうときは、ピタッとやめちゃうんです。そうすると、また描きたくなる。どうにも描けないときは、ギターかかえて全国ブラブラ歩くんですがネ。それこそ、針のお客でもなければ、演歌師でもやって流して歩きゃ、いくらかにはなるし……。
小沢　あ、そっちもいけるんですか？
彫清　五、六年やってきましたからね。ちょうどいま頃の季節になると、ムズムズしてくるんです。
小沢　さすらい心がうずくわけですかな。
彫清　放浪性があるんです。あそこの街の女がよかったとか、あそこの親分の女将さんがよかったとか、いろいろ思い出すわけですよ。
小沢　また、モテそうなタイプでいらっしゃる。
彫清　このあいだまで、ヒゲをのばしてたんですがネ。モテるのがいやで。ところが……。

小沢　よけいにモテちゃった。流行ってるから、このごろ……。

彫清　そうなんですよ、女除けが逆ンなっちゃった。それでまた女除けに剃っちゃったんです（笑）。

小沢　ちょいとニガ味があるし、女のこにとってはこたえられない冷やかみもあるし、なんともいえませんナ。

彫清　ぼくは、女のこを見るとネ、「彫らないか」というんです。いやだっていうと「肉針でもいいぞ」（笑）。

小沢　いや、どうもどうも。

スポーツ・ヨシワラ

大演説会・昭和47年10月24日
渋谷公会堂に於て

ええ、いっぱいのお運びさまで、弾圧のおはなしのあとは、音曲吹寄せということになっております。（笑・拍手）

ええ、吉原のおうわさでございまして（笑・拍手）……それでもいいでしょう⁉（笑・拍手）よろしければ……最初は景気づけに、ではひとつおネエさん、お三味線をトーンと入れていただいて〝深川〟からまいりましょう。

〈三味線〉

〽かごで行くのは　サッサ　吉原がよい　あがる衣紋坂　あれわいさのさ　いそいそと　大門口《おおもんぐち》を眺むれば　深い馴染の　あれわいさのさ　おたのしみ（拍手）

手をいただくほどのものじゃない（笑）。

まあ、吉原というところは、昔は、江戸の文化の中心……というようなところだったんでしょうが、私どもが通ったころは、たんなる売春市場でございまして、まあ赤線といっておりました。むずかしくいうとレッドラインというんだ（笑）。そのレッドライン・ユニバーシティーを、あたくしは非常に優秀な成績で卒業した（笑）ものでございまして、まあだいたいきょうお見えになってらっしゃる方々の年ごろには、ほとんど毎日、吉原ばかりに行っておりました。夜になるともうそこへ行かないと落ち着かない。日が暮れると吉原へ行く。日が暮れなくても昼間も行く（笑）お金はないんですよ、ぜんぜん。ぜんぜんないけれども、ただ行って中を回るだけ、ズウーッと（笑）。そうしてひと回りすると、だいたいこれがゆっくりで二時間。急いで一時間半。これでからだが、けっこういい運動になる。これで帰って来ちゃあダメなんで、そのあと、もうひと回り回りますと、今度はからだが、ドッと疲れる。それでわが家へ帰って寝ると、まあだいたいナニのほうの回数が少なくなるという仕掛けで（笑）……スポーツ代わりですネ、つまり（笑）。……そういうふうにしてやっておりました。ですから上がったことはそれほどないんです。それほどないといっても、通算二、三百回はございます（笑）。……でもこれはたいした数じゃない。

で、そういうふうにして回っておりますのを〝冷やかし〟といいます。入り口で、女の人と、こうウダウダ話をしたりなんかして……これが話だけじゃない。大胆になります。大胆だけじゃない、ツッコンでゆきます（笑）。で、ツッコムと向こうもツッコンでくる（笑）。そういうゴチャゴチャしたことをしているうちに、このなんてんですか、あのことばはあんまりよく知らないんですけど、ユクっていうんですか⁉（爆笑）……そういうふうになることもある。これでタダですからね。上がったわけじゃないから（笑）。上がるような顔して引っ張られて、そして、半ばというか九分九厘というか、玄関口で目的を達して帰ってくる（笑）。だからこういうときはもうそれで回るのはよしにする。疲れるから……（笑）。——そういうやり方です。

私の仲良しで加藤武という、これは文学座の俳優でございます。この人は、あたしと違って冷やかすのがきらいなんだ。なぜきらいかというと、ガマンができない。（爆笑）だからあの人の上がった家は、たいてい遊廓の入り口の角の家ばかり（笑）。裏から行ったときは、裏の入り口のカド（笑）。そういう非常に不思議な人だ。（笑）

……まァあのう、加藤武さんで思い出したんですが、東海道の三島というところ。あすこであたくしたち学生時分に、芝居をやっておりまして、前の晩から乗り込んだからとうぜん、これはみんな三島の女郎屋へ行きます。

あの三島って町は「ノーオエッ」って歌でわかるでしょうが、女郎屋で有名ネ。だけど変よ（笑）、町の中全体に、パラパラ一軒ずつ女郎屋がある。交番と八百屋の間に女郎屋があったりする（笑）。あれは昔は、もう町ぜんぶが女郎屋だったんじゃないですか、それがだんだん、交番になったり八百屋になったりして（爆笑）、真ん中が残ってるんじゃないかと思うんです。……だけどそういうなかで、五軒だけかたまっていたところがあった。これが、通称五軒家。単純な名前のつけ方だネ（笑）。

五軒家っていうところが、畑の中にある。これへ加藤武センセイがお泊りになった、前の晩。次の日芝居が始まるっていうのに、楽屋入りしない。さあ困った。しょうがないから、あたしが加藤をいそいで捜しに行った。……たいていヤツはトバッ口の店に入ることをあたしは知ってるから、だからトバッ口の家へ行けばいいだろうと思ったら、五軒家は畑の中にあるからぜんぶトバッ口なんだ（爆笑）……どれに上がったのかわからない。しかたないから、この五軒家のちょうど真ん中ンところで、あたしは、都の西北……ってのをうたったんです（爆笑）、大きな声で。そのころ二人とも都の西北にいたからネ。都の西北もロクな学生おいてなかったネ（笑）。野郎気がついたと見えて一軒の雨戸があいて女といっしょに首をだした。「何やってんだ、昼日中からでけェ声出しやがって」「手前こそ何やってんだ。芝居がもう始まってんだぞ」「ああそうか。じゃおまえその傘おいてけよ」って、……雨が降ってたんですよ、その日は。雨で傘さして都の西北やってたん。それで野郎は傘……ひとのさしてんのを置いてけっていうんだ。ひどい野郎だ。そして、その花魁《おいらん》……花魁ってほどのものじゃないけど、その女のしごきをほどいた。手前ェのしごきもほどいた。ほどいたから二人とも前がバァーッとこんなになっちゃったまんまで、そのしごきを結んでつないで、二階からたらしてネ「これに傘をゆわいつけてくんねェ、イキなもんだ」なんていいながらね、女とキャーキャーいって傘をつり上げやがった。手前ェはイキでも、こっちはそのあとヌレネズミでイキどころか、カエリだよ（笑）。マそんなこんなで、芝居の開演が一時間半もおくれたという、クダラナイ話なんだけど……。

この話には、まだつづきがある。どういうつづきかというと、その女と加藤武センセイが、できちゃったんだネ。できるのはあたり前ェだ、女郎屋なんだから……できるために銭はらって行くんですから（笑）。いや、その晩一晩で二人はすっかり気心が通じたらしい。で、東京へ帰ってからもその女から手紙がくるんです。……いい手紙がきましたよ。綿々とその……懐かしいとか忘れられないとか、またきてネとか、そしていちばん最後に……この、標語ってんですかね、スローガンとでもいうか、ことばが書いてあった。……〝学生よ大志を抱け〟と書いてある。北海道の出身じゃねェかネ、あの女は。でそのあとに〝故郷へ綿を飾れ〟と書いてあった（笑）。かわいいじゃないの！　錦という字の金偏と糸偏まちがえて（笑）〝故郷へ綿を飾れ〟ええ。……まあ、くだらねェから、都々逸でもやりますか、じゃおネエさんお願いします。

〈三味線〉

〈都々逸をいろいろ……〉

〈馬鹿馬鹿しいお笑い都々逸をいろいろ……〉

〈都々逸、お笑いで終って〉

あのネ、また女郎屋のはなしですけどネ（笑）、赤線てのは、東京のあっちこっちにずいぶんあったんですよ。

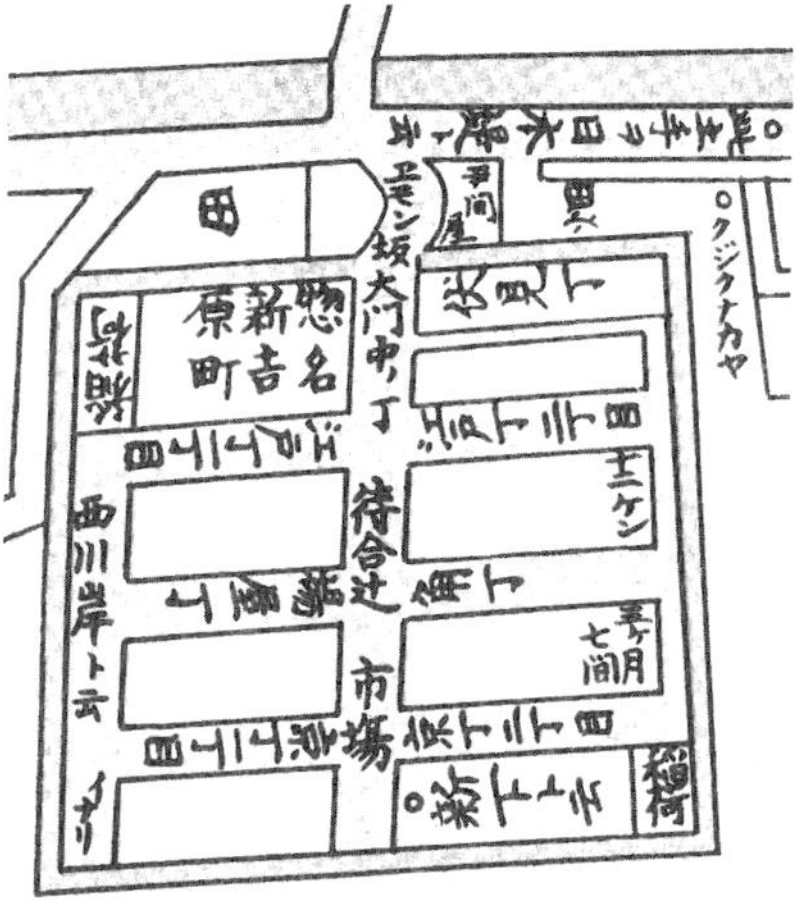
惣名
新吉
原町
大門
中ノ丁
待合辻
市場
西川岸ト云

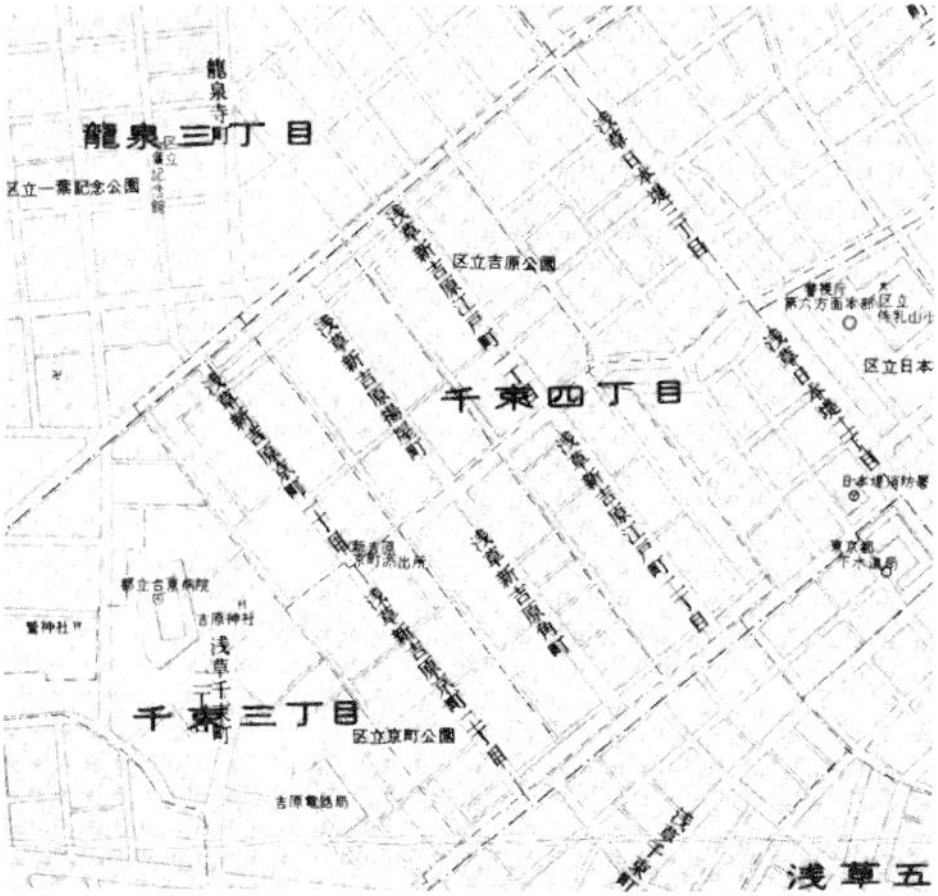
龍泉三丁目
区立一葉記念公園
区立吉原公園
千束四丁目
千束三丁目
区立京町公園
吉原神社
都立吉原病院
浅草五

まあ、なんていったって第一番に吉原。それから元宿場だったので、新宿、千住、板橋、品川。板橋のは昭和の初めかな、赤線以前になくなっちゃった。それから、向島で、玉の井、鳩の街。玉の井をいっとき私、専門に攻めた（笑）。攻めるったって、チョンの間専門。あれは二十分か三十分よ（笑）。チョンのあいだだから二十分。時間がくると、部屋のベルがなる。帳場で時計見てるババアがいて、ボタン押すんだネ。ベルがなると、「ネエ、早くしてェ」なんて女がいう。しょうがねェからこっちも……早くする（笑）。ベルが鳴るとあわてて発車だ。駅とおんなじよ。（爆笑）

泊ることだってありましたよ。泊って朝までひっきりなしに行こう！　なんてのはダメなのよ（笑）。泊ってもですネ。そのまま、プイッと外へ遊びに出ちゃうんです。近所の銭湯なんかへ行く。これは二時間ばかり湯へ行ってくるから、その間におまえは、他の客のチョンの間を三つぐらい稼いでいいよ、って腹づもりで出て行くわけです。

こういうふうにイキがったものネ（笑）。イキがったけど、この女からは、ケジラミをうつされた（爆笑）。この詳しい話はオモシロイけど、きょうはやらない。このネタをやるにはきょうは時間が足らない。このネタやってると、あとの竹中センセイの時間がなくなっちゃう。（笑）

赤線はこのほかに東京では、亀戸、亀有、小岩の東京パレス、新小岩。それから目蒲線の武蔵新田《にった》にもあった。ここには、笑ってばかりいる女がいた。笑いすぎて、あんまり売れなかった。（笑）。だって、ズウーッと終りまで笑ってばかりいるんだもの……気味が悪いんだ。私がね、イレ……これも長くなる話だからやめる。（笑）

短い話やりましょう、時間だから。

品川ってとこにオモシロイ女がいたよォ。品川にはネ、いい女がいたんですよ。どういいかっていうと、私が品川で、まあ、上がったわけ。上がるとお菓子が出る。あれ、どういうわけかかならずお菓子が出た。お菓子ったって、たいしたもんじゃない。カリン糖二つとか（笑）、おこしを一つとか、おせんべ一枚とか。これはお茶といっしょに出る。それでネ、私がそのォ、カリン糖をネ、食べようかなァとつまんで、ヒョッと見たときにネ、それにある種の親近感が出たわけネ（笑）。こういう場所だし（笑）、そんなに黒くはないけど……。（爆笑）

それで、そのカリン糖でですネ。「あの、君、ちょっと悪いけど、あの、前を、ちょっと楽にしてくれないか」（爆笑）。そしたら、まあみんな、非常に気立てのいい女性ばかりでしたからネ、人のいうことをよく聞いてくれる人ばっかりだったんでネ、だから、楽にしてくれたわけです、前を（笑）。それで、楽にしてもらったもんですから、私はですネ、このカリン糖をこう（笑）。……いや、楽にしてもらったからだよ（笑）、だから、ムリにやったわけじゃない（笑）。楽にしてもらったから、そこんところに、こっちも、らくゥーにネ（笑）、らくゥーに、それを、入れてみようかなァーと思って（笑）、楽のなかにこうもってってたらネ。イキな女なんだ。「やめてッ、やめてッ、虫歯になるワ」（爆笑・大拍手）

……こんな話きりがない。〝品川甚句〟をうかがいまして、おあとの師匠と交替いたします。サアいきましょう！

〈三味線〉

〽小窓あくれば、港が見ゆる。鴨八百羽、小鴨が八百羽。入船八百艘、オヤ出船も八百艘、

帆柱八百本、アルヨアルヨ。

朝来て、昼来て、晩に来て、来て来んとはいつわりな、来た証拠にゃ目が一寸だれちょるよ。酒飲んだだれよとだれよが違っちょる。ハッ、アー違っちょる、違っちょる。

七里がポッポで土手越え、越えちょるネ。蒸気ゃ出て行く、機関も船長も会計も帰る。帰しちゃならぬと、花魁あわてる、芸者が飛び出す、箱屋がころがる。

残る煙が、アイタタタタァ、しゃくの種。

——おあとの仕度がよろしいようでございます。（大拍手）

看板・はり紙

売地

価一坪九百六十萬
土地二千八坪西種物
トルコ凡号許可地
公八米巾有り角地
川崎市堀ん内

貸間有
トルコ五十年廃地
浜市宮川町

アパート

台東区千束四丁目
四帖半 裏ガス水道
礼金四万円

アパート

台東区浅草六百
六帖 三帖付
権利金十二万
貸 一ヶ月

アパート

台東区千束四丁目
六帖 三帖付 トイレ
礼金十四万
貸 一ヶ月数ヶ月

アパート

台東区千束四丁目
六帖 室内ガス水道付
礼金七万
貸 一万二所数ヶ月

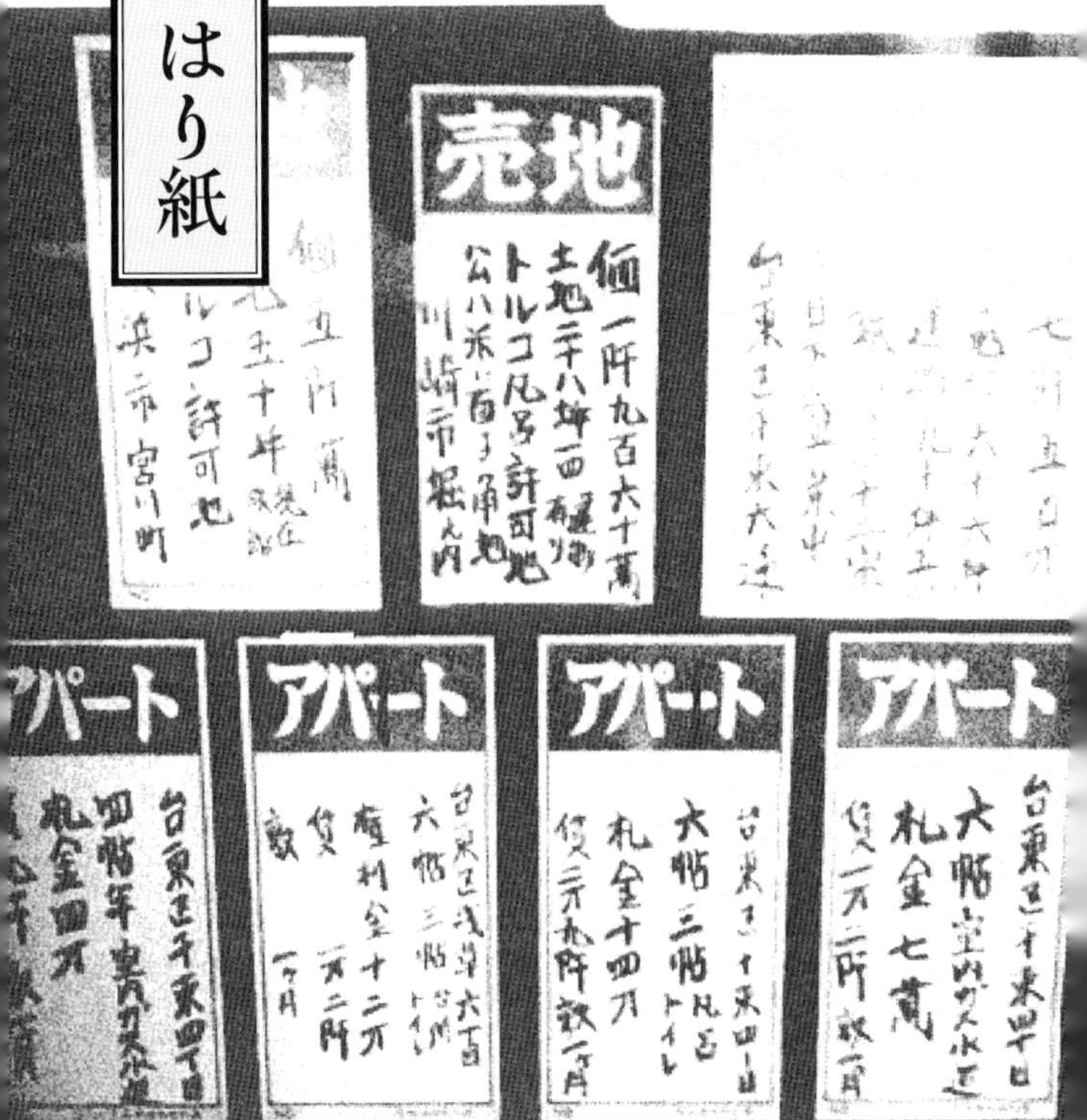

私の写真を撮りたいという気持の中には、結局、写して記録しておきたいということもあるらしい。記録といったって、別にたいしたものを記録したがっているわけではない。

要は、この浮世の風のまにまに変わってゆくもの、消えてゆくもの、まもなく二度と見ることができなくなるものを写しておいたら、いつか何かの証になるかもしれないな、と思っているだけである。

町に立てられた看板、はられたポスターの類はよく写す。これこそ、あっという間に取り去られ、はがされて、二度とお目にかかれないからだ。しかも、その時その時代の浮世のありさまが、広告にはっきりと出ているから、またおもしろい。

写真にある告示は、内容の理解に多少の〝教養〟を必要とする。五年前にはなく、五年後には消滅するであろう用語が使われているからだ。たとえば「ベッット」は単に bed ではなく、演目のジャンルを表わしているのだということは、〝教養〟ある方ならばご存じであろう。

「ベッット」の語も、もう半分以上死んだ。

「ベッット」のあとは「レス」、「レス」の次は「天狗」。「天狗」のあとがもう出た。「マナイタ」……なんだかわかりますか。おわかりにならない方、いまのうちにお早く。大阪のヌード劇場へどうぞ！

東宝シネマ
ひまわり
宝塚劇場
ハリウッド
濡れ場特集
紅葉特別興行
ベットで濡らし
レスで濡らす
宝塚会館
丸明館
エアーラインで飲んで
台湾へ飛ぼう！
7名様招待
川丈
関東・関西・両横綱の対戦!!
愛欲レスビアン
ベッド大会

お知らせ
この附近でインチキ
五目ならべがときどき
行われます
うまくだまして
おどして大金を
取り上げます
絶対に相手にならない
ようにご用心。
昭和四十六年七月
河内警察署
河内防犯委員会

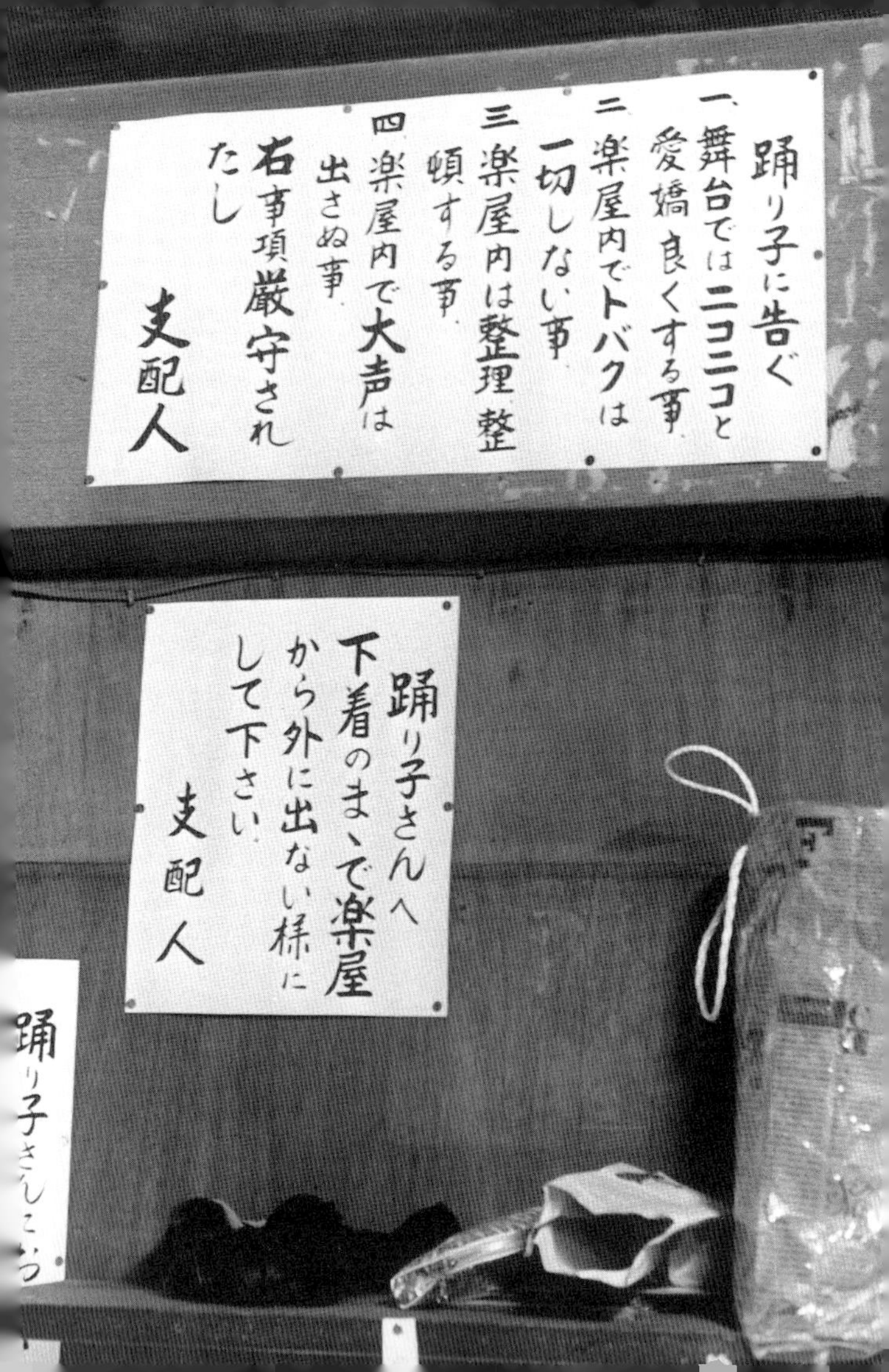
踊り子に告ぐ
一、舞台ではニコニコと愛嬌良くする事
二、楽屋内でトバクは一切しない事
三 楽屋内は整理整頓する事
四 楽屋内で大声は出さぬ事
右事項厳守されたし
支配人
踊り子さんへ
下着のまゝで楽屋から外に出ない様にして下さい
支配人
踊り子

九条OS
TEL
(581)7780
地下鉄中央線九条駅
西1分三和銀行ウラ
創業5周年記念
黒人
白人
マリリン・ローン
マリリン・キラー
モーリン・シマ
モーリン・ローズ
テーラ・サムソン
マリヤ・サムソン
ベビー・ユミ
ベビー・シマ
ミス・ダイナ
ミス・サリー
天狗10組日本天狗10組
7月1日より
大暴動
40名
女が死ぬか？天狗が死ぬか？
ベティ・コール
ベティ・キーラー
ミス・ランプトン
ミス・ジャニー
ミス・オーマン
ミス・プサンナ
ザビエラ・マリー
ザビエラ・サリー
リトル・エンゼル
ローズ・ダリヤ
ミス・マリーナ
とびだし注意
祈
交通安全
いつも安全運転
九条OS
TEL
(581)7780

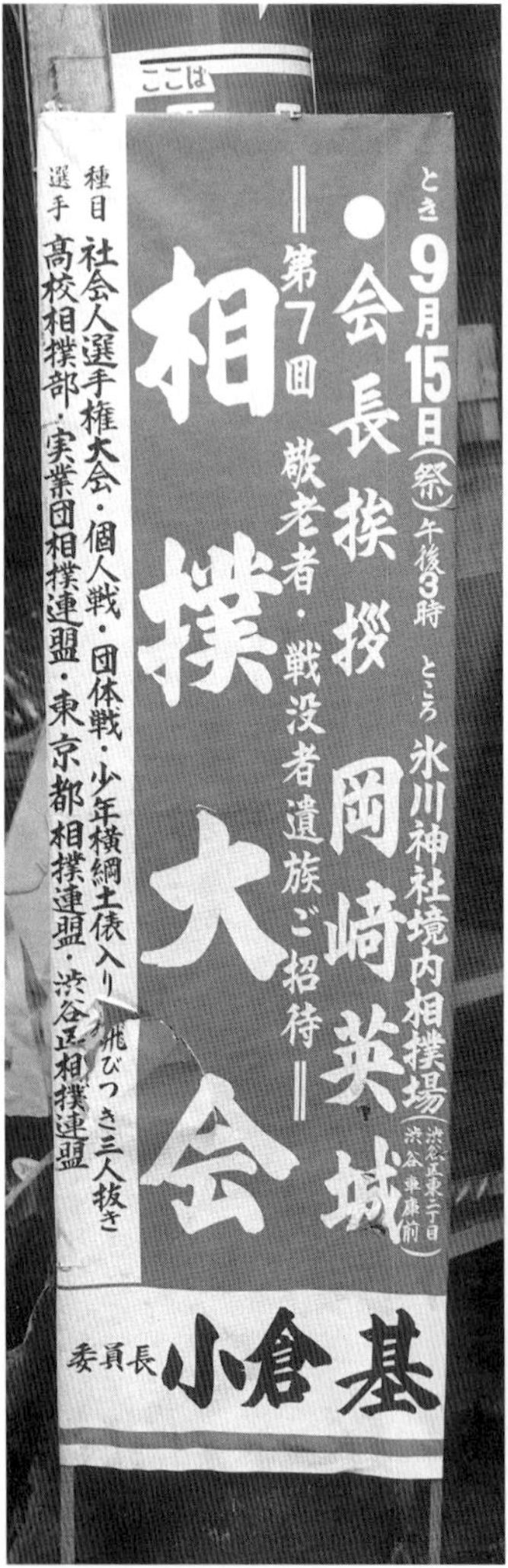
とき 9月15日(祭) 午後3時
ところ 氷川神社境内相撲場(渋谷区東二丁目 渋谷車庫前)
●会長挨拶 岡崎英城
＝第7回 敬老者・戦没者遺族ご招待＝
相撲大会
種目 社会人選手権大会・個人戦・団体戦・少年横綱土俵入り・飛びつき三人抜き
選手 高校相撲部・実業団相撲連盟・東京都相撲連盟・渋谷区相撲連盟
委員長 小倉基
ここは

主催 衆議院議員 栗山礼行後援会・栗の実会
恒例 盆おどり
協賛 東部地区同盟 帝国製糸労組
8/17(木)18(金)19(土)
雨天順延・午后7時より
場所 八尾市帝国製糸グランド(八尾消防署前)
音頭出演 滝 新太郎(テイチクレコード) 生駒 一 外多数

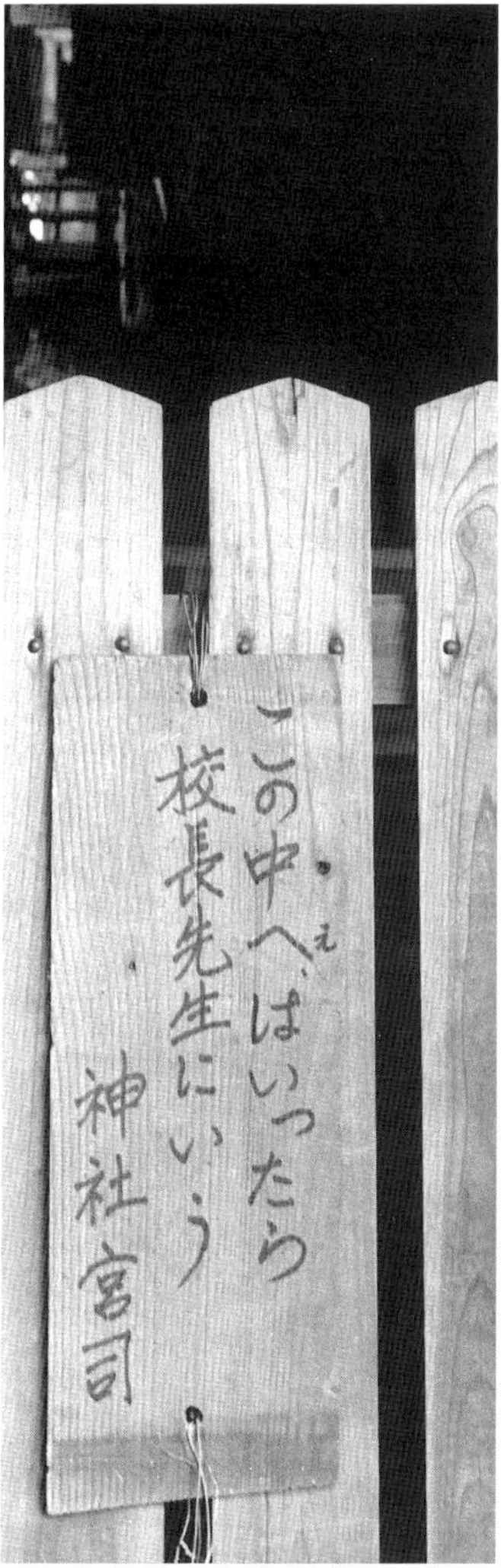
この中へ《え》、はいったら
校長先生にいう
神社宮司

大便するべからず

福島珈琲店
ごめん
101

アッ危い！そのスピードが死を招く！
原宿警察署・原宿交通安全協会

柱に賽銭を
入れないで下さい

トルコウェアー
協会衣料株式会社

完全・無臭・無虫
スーパー便所
ナゴヤ6711-2945
東洋化学研究所

高級吉野ミュージック劇場
TEL461-2981
★ゴールデンウイークに放つ！特別記念大興行★
祝
一条さゆりの引退記念公演
入場者全員に一条さゆりの記念品進呈
全日ヌード界の…選抜強豪レスビアンと豪華スター特別競艶！
サヨナラ一条さゆりの特別企画構成
5月1日より10日大公開

「ぬけられます」の細道。

つわものどもが夢の跡

東京・旧赤線めぐり

玉の井

細い窓から「ちょっとお眼鏡さん」

千住（通称コツ）

大店も今はアパート。

コツはまわしを取るので有名。

あーこの部屋で朝まで待って女来ず。

中庭がきれいでお稲荷さんなどあったもんだ。

変な飾りを女郎屋は付けたがった。

洲崎

もてなかった帰りの洲崎橋、海風がやけに冷たかったぜ。

品川

①品川の旧東海道。蕎麦屋と菓子屋の間に。

②人ひとりがやっとの、細い露地がある。

③この露地を入って、

④江戸時代は海だった低地へ、階段を四、五段おりると、

⑤奥の突き当りの家は、

⑥かつて私もオジャマしたことのあるなつかしいオウチで、

⑦玄関や、左奥の便所のあたり、以前のまま。

⑧ふり仰ぐと、二階のあの部屋でオセワになった昔が、思い出された。

江戸の昔品川の海は遠浅で女郎屋の裏木戸をあければ遠く安房上総。
今やビルに挟まれ、アレモウ肩身がせもうござんすわいなあ。

新小岩（通称丸健）

悲しいな、昔も悲しい街だったな。

鳩の街

両側から「おにいさん、おにいさん」と呼ばれながらくりこむ時のあの気分。

あたしゃいつも奥の方の暗い店で、悲しく立ってるようなテキを探したものよ。

貸間アリ

部屋数はたくさんあるからなあ。

東京パレス

全敷地が〝団地パレス〟に一変した。昔の面影は全くないが、かつてのお女郎さんと、いまの団地の奥さんと数はほぼ同数だろう。

亀戸

売防法施行で、一番最初に完全転業した街。外は昔を偲べても内は工場。むかし亀戸名物くず餅をよくお袋への土産に買って帰った。女郎買いと親孝行のダブル・ヘッダー。

新宿二丁目

昔どおりの呼びかけ方で、「ちょっとおにいさん」。しかし営業種目はヌードスタジオ、ここへ来ると、昔からの条件反射で、写真師は武者ぶるい。

早稲田の書生さん〝二丁目〟が必修課目。

旅館
兼花井
止まれ
新宿不動通り
麻雀 美松
ギャロップ

新宿花園街

ここは赤線ではなかったが、準赤線—青線だった。若い女が多いので人気があった。

亀有

私が文化庁長官なら、特別保存建築物に指定するのだが……。
犬山でも何処でもいいから「女郎屋村」をつくれ。村長は俺だ！

武蔵新田

工場街には赤線がつきものだった。アレは働く意欲を増進するのだ。
近頃はあまり働かないほうがいいそうだ。だからアレも要らないのだナ。

「あけぼの」の田美子がここから逃げてあんたと暮らしたいと言った。一週間目に行ったらもういなかった。誰かと逃げたのかな。

立石

駅前にあったので、いまや、商店街の発展の中に埋没して消えた。文化財保存にご熱心なのか、開業費がちょっとたりなかったのか、失礼。

ここの女はナサケ深かったナ。だけどケジラミうつされたナ。

吉原

さすが吉原。戦災にも焼け残った鉄筋女郎屋。今トルコに挟まれてアパート。

。
気。
で　美容と健康の為に
す。

たは満足します。
が得られるからです。
んからその御期待で御来店の

木息　御招待に御利用下さい。
スチームバス　貴族院

高級和風スチームクラブ貴族
最高の設備とゴージャスな雰
上品なマナーと洗練された会
ゆきとどいたサービスを致し
入浴料は 4.000円
その価値はあると　きつとあ
それに値する雰囲気とサービ
但し　売春行為は一切致しま
お客様は御遠慮願います。
貴族院は憩のクラブとして

最高級和

揚屋町会

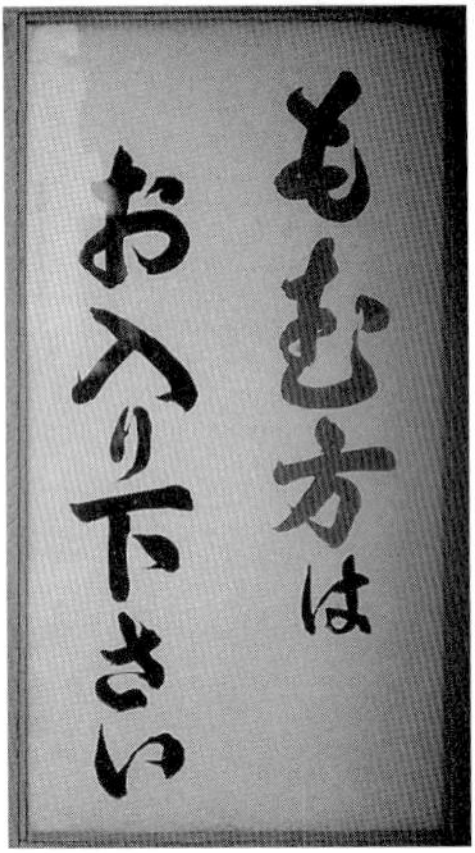
もむ方は
お入り下さい

一葉書道会
申込受付当家
(874)七〇〇七

夜の社会探訪
ヌード
個・室

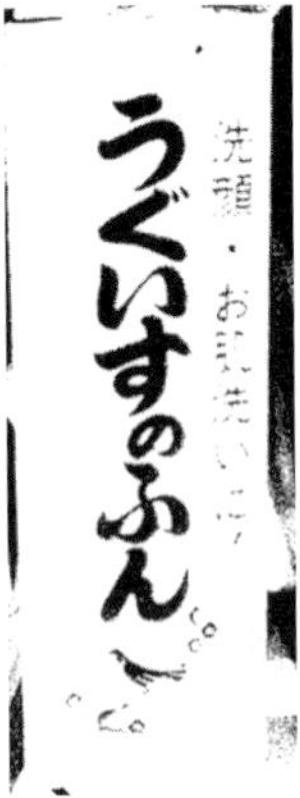
うぐいすのふん

揚芳

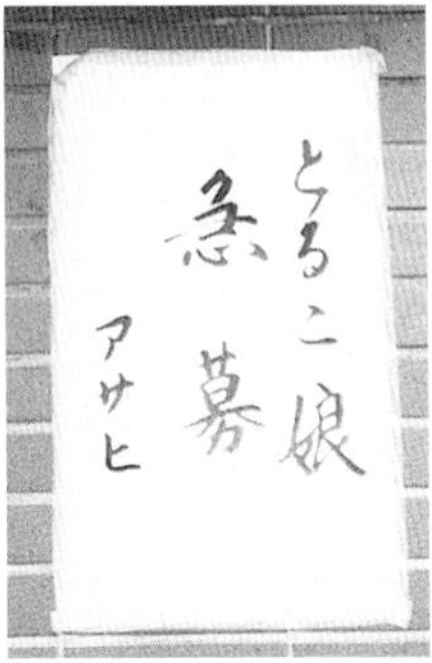
とるこ娘
急募
アサヒ

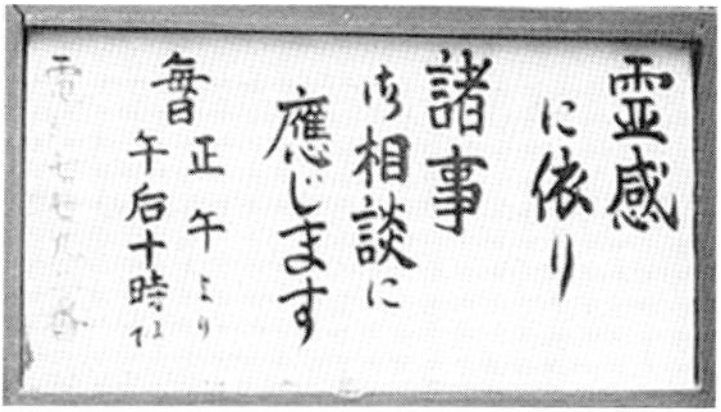
霊感
に依り
諸事
相談に
應じます
毎日
正午より
午后十時

吉原名物
モツ焼

京屋
新吉原カフエー喫茶

健体
出世
大黒尊

吉原神社

吉原辨財天

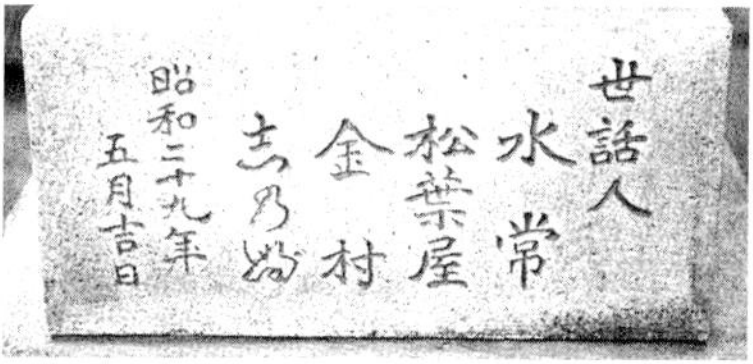
世話人
水常
松葉屋
金村
志乃ぶ
昭和二十九年
五月吉日

むかし吉原の女は、死ぬと、三ノ輪のこの寺に〝投げ込〟まれた。
「生れては苦界、死しては浄閑寺」。何時行っても、何故か墓場が
湿っている。荷風の愛した寺。

〝**吉原大学**〟校門前の、戦災にも震災にも焼け残った、けとばし屋（馬肉屋）とてんぷら屋。生徒はここで栄養を補給した。今でも、うまい、やすい、いい気分。

吉原・女郎屋の証言

花の吉原《なか》、内部《なか》からみれば、
なかなかに

女将　写真は表に並んでますが、オイラン一人ずつ10分とか20分とか時間をきめて引きつけに出ると番頭さんが客を呼ぶんです。すぐ客を引きつけられる妓もいますし、つかない妓もいるんです。

小沢　さァーダンナ、この妓どうです。というやつですね。みんな番頭をたよりにしたでしょうね。

女将　えェ番頭さんのチカラは大したもんでしたよ。

小沢　写真というのは似ても似つかないのがありましたな。

女将　いえ、どれも本人には違いないんですけど、みんなよく撮ってもらおうと写真屋さんにたのんだものです。

小沢　こういうとこ専門の写真屋さんですか。

女将　ハイ、そうです。

近ごろ若い人たちの間に、ヨシワラ・ブームみたいなものがあって、それも、とくに若い女性に多いようだ。過日、新宿厚生年金会館ホールで〝ヨシワラの夕〟なるものが催されたが、若い女性が意外と多いのにおどろかされた。あたしはヨシワラといっても、いちばん終りのほうの赤線ヨシワラ大学の卒業生。だから、終戦直後から昭和三十三年三月の赤線禁止までのことならばおぼろげながら知っている。それ以前のこととなると知識でしかわかりません。

さいわいなるかな、ここにご登場ねがった、旅館〝Y〟は元、京町二丁目の、そのほうでは繁盛していたお店の一軒。建物はいまも昔の面影を残し、かつての〝生徒〟には郷愁をさえ感じさせる。

でその、〝Y〟の女将さんにお話をうかがったのだが、当時から現在に至る女中さんにもご登場ねがって、ヨシワラの中から見たヨシワラ——つまり通り一ぺんの外から見たヨシワラでないヨシワラの暮しさまざまをお話しいただいたわけなのである。

小沢　女将さんの知っているヨシワラは、昭和十四年からのヨシワラですね。

女将　その年に私、ここへ後添《のちぞい》（後妻）にまいりましたんですけど、食事なんかにしましてもお茶漬けのような……漬け物も古漬けの洗いざらした、味もそっけもないものなんですよ。それでオイランにおいしい物を食べさせようと新漬けを出しましたら、オバさんというのがいましてね。「だめですよ、そういう物を食べさせては」というんです。塩からい物を食べると病気になると……。

小沢　でも、新漬けより古漬けのほうが塩からいでしょう。

女将　いいえ、その古漬けも本当にからしたように漬けまして、それをようく洗いまして塩気も何もない味のないようにして出すんですよ。それからアイスクリームをみなさんに買ってあげようとしたら「とんでもない。お茶でもあげて下さい」と怒られましたよ。

小沢　食事はみなさんそろって……。

女将　ハイ朝なども、お客さんをみなさん送り出しましてそろって食べます。夕方も。そういうことはきちんとしてましたね。それはもう主人も、オバさんも、番頭さんも、豆も、オイランも……。

小沢　そのマメというのは何ですか？

女将　オイランの下の仕事をあずかっていたんです。オイランのお使いさんですね。うちでは豆が二人。仲居が三人。番頭が二人。それからオバさんが一人いたんです。

小沢　その番頭というのは入口にいて「ダンナ」と呼び込みをやる俗にいう牛太郎。

女将　その番頭さんも上手下手がありましてね。何しろセンス一本でつぎからつぎとお客さんを吸い込んでいくんですからねェー。

小沢　あのまたうまい呼吸でやられますとスーッとはいっちゃうんですね。落語の円鏡さん（現・八代目橘家円蔵）のお師匠さんの円蔵（七代目）さんは、たしかヨシワラの牛太郎をやってたはずです。

女将　私がここへ後添に来た当座は、豆からオバさん、仲居、番頭さんまでやらなくては主人の格にならないといわれましてね。ですからはじめ豆をやらされました。その当時、昭和十四年でしたが店の女の人たちにはオイランと呼ばないと気に入られないんですね。それで豆と一緒に二カ月豆をやりました。それは結局オイランの走り使いをやることにおいて、ヨシワラのナカの何屋はどこにあるとかいうことを知る勉強であったわけですね。また同時にオイラン同士の気持ちの雰囲気もわかるようになりましてね。頼まれた品物を買ってとどけますと「ご苦労さま」というオイランもいますし、中には格式ばっていばってるのもいましてね。

小沢　〝松の位の太夫職〟っていうんですからねェー。

女将　部屋持ちぐらいの女は、なかなか格式がありましてね。いまの女なんかホントにだらしがなくていやですねェ（笑）。

小沢　一回一回祝儀をくれるもんですか。

女将　絶対にしません。だいたい五日に一回のお勘定でしたね、その時にオバさんにこれだけとか、またお客さまに「このコに少しあげて下さいな」ということとありますけど、自分からはなかなか。

小沢　あたしも戦後でしたが、ずいぶんとられた経験あります。「少しあげてよォー」なんていわれると、どうしても出さなけりゃいけないような仕組になっちゃって……。

女将　え、もう、なかなかオイランとオバさんの呼吸がよくできてましたねェー。

小沢　あれはその人たちが発明したんじゃなくて、長い間にこういったとこの伝統みたいなものになったもんでしょう（笑）。

　仲居さんは、どんな役割を……。

女将　フトンを敷いたり、お客さんを送り込んだり。オイランとお客さんのオカネの決め方はオバさんというのがやったんです。最初、番頭さんがだいたい決めて、お客さんが納得して上がりますね。そうすっと部屋へはいってオバさんが……。

小沢　そのオバさんは、俗にいう〝やりて婆さん〟というんですね。その方はだいたいオイラン上がりというのが多いんでしょう。

女将　そうでしょうねェー。

小沢　それからお豆さんというのは、いずれはオイランになる……つまりはオイランの幹部候補生といいますか（笑）。

女将　そうですね。そしてオバさんが決める時は、お客さんは番頭さんの時より、どうしてもイロをつけるようになりまして……。

小沢　これがまたオバさん、うまいんですよね。これは経営者には関係ないわけですね。オバさんとオイランのほまち（臨時収入）になって……。

女将　ですけど、かくすということはできないんです。またみなさんしませんでしたね。ですから主人というのは本当に正面には出ませんでしたね。ご内所《ないしょ》といったくらいですから……。

小沢　正面には顔を出さないけど、悪くいえば影で糸を引いていたわけですね。よくいえば「何も知らないよ」とドッとこうかまえて。

女将　そうですね。何も知らないような顔をして……。

小沢　当時のオカネの分け方は何分何分だったんですか、一般的には……。

女将　オイランが三分で――あとの七分には、仲居さんとか、オバさん、番頭さんの分もはいっていますが……。

小沢　よく経営者の悪口をいう話ですと、この節は搾取という言葉がありましてね。オイランをしぼってカネをとったとか、その搾取のかたちもいろいろあって、高いキモノを買わせたり、タンスを買わせたりして、それをツケにして、いつもたくさんの借金をオイランにかさませておくなんてことをいう人もありますけど……。

女将　最初、何年には帰れるという年期の約束事がありましてね。それが年期明け間近に実家から少しオカネが欲しいということになったり、またお客さんの中にも、もう少しいて欲しいとか当人にいいましてね。だいたい実家の都合でもう一年延ばすというのが多いですね。キモノを何とかいいますけど、ヨシワラはそこまでいってませんでしたね。またよくお芝居なんかですと、お客さまのいうことをきかないと別の部屋へ呼んで折檻《せっかん》したとか……あァいうふうなことはどこの家でもなかったようですね。

小沢　大昔はそういうこともあったんでしょう。熊本の、例のお女郎さんがストライキをやって有名なあの東雲楼《しののめ》には、牢屋がありましたね。前に東雲楼をこわすというのであたし写真を撮りに行ったんです。二〇センチぐらいの大きな南京錠もありましてね。ですからこんな座敷牢へ入れられたオイランはかわいそうだと思いましてね。何しろあたしはオイランびいきなもんですから（笑）。

女将　私たちは、そういうこと知りませんけど、オイランが病院へはいると、それがつらかったようですね。

小沢　吉原病院ですね。いまの台東病院の。

女将　はいればなかなか出さないし。食べ物もひどいようでした。好きな物を持って行っても病院で受けつけないんです。そこが昭和のソレじゃなかったんですかねェー。私がここへ来たころは、火事の時も高い塀で、オイランが、逃げられなかったという塀も、オハグロどぶも何もありませんでしたけど。

小沢　オイランの外出というのは……。

女将　外出はなるべくさせないようにしてましたね。

小沢　結局は逃げたりするお女郎さんがいるからでしょう。盆暮れの休みというのは？

女将　それはありませんけど、月一回の休みがありました。

小沢　そういう時はオイラン、どんなとこへ行ったもんですか……。

女将　やはり浅草が近いですから。それに当時は芝居小屋もたくさんありましたし……。

小沢　家の者が誰かついていくんですか？

女将　えェ、かならず誰かついて行きます。映画や芝居行きますと、お客さんが先に来てるんです（笑）。

小沢　あ、きょうはオイランの休みだと、先回りしてるわけですな。どうしてこう昔もいまも男の鼻の下が長いもんなんですかね。

女将　オイランに「オーイ、ここにいるよォー」と手を振ってるんですよ（笑）。ですからお休みの日というと帰りが遅くなって、ホントに休みがなければいいなァと思ったことがありましたね。そういうことを思いますとオイランは本当に〝カゴの鳥〟でしたね。

小沢　あたし玉の井で女から逃げる相談を受けましてね。つまり何とかここを逃げたいから手を貸してくれと。この荷物を持ってどこそこのしるこ屋で氷あずきでも食べて待っててくれと。あとから自分が行くからというんです。あれ逃げた場合、徹底的に追うもんですか？

女将　えェ、調べますね。女を世話してくれる桂庵《けいあん》という口入れ屋が昔ありましてね。そういう人がかならずどっかのシマと連絡があって、それで連れもどされるんですよ。それで主人が「オマエの顔をみるのもいやだ」と、クラ替えするオイランもありましてね……。

小沢　だいたい桂庵が「この娘をオイランに……」と世話するんですか。
女将　当時はそのようでした。
小沢　じゃ、その桂庵は、カネのなさそうな家をのぞき歩いて娘を捜してたんだな。
女将　まァそうでしょうねェー。
小沢　ところで、洗濯や何かはオイラン自身でやるんですか、当時洗濯屋はないし。
女将　いえみんな豆がやりました。下の物も寝巻も、オイランは何もしませんね。
小沢　つまり、タテの物をヨコにもしないというカッコウですかね。ご飯だけは自分で食べてたんでしょう（笑）。
女将　そうです。ご飯以外は何もしませんでしたね。
小沢　桂庵の世話で苦界に身を沈めて――といっても、逆の考え方をするとオイランはいい暮しだったのかも知れませんね。
女将　内職ごとをしたりしますと、世帯じみていけないといわれまして、ですから私みたいに「オイランはいい身分だ」なんていうこともありました。
小沢　なかには、男が好きで好きでというオイランもいたことでしょうから（笑）。
小沢　ここで働いた女、つまり吉原のオイランの出身地はやはり東北が多い？
女将　そうですね。秋田、山形、福島もちょっといましたけど、それから盛岡。どうかすると青森。やはり秋田、山形ですね。
小沢　大昔は、吉原の里言葉といって、例の「何とかでアリンス」というのがあったもんですが、昭和十四年ごろではそんなものはありませんでしょう。
女将　えェ、ありませんとも。
小沢　しかしいなかから出たてですとどうしてもズーズー弁ですわな。それはそのままほったらかしておいた？
女将　なるべく東京弁を使うようにとはいいましたが、とくに教えはしませんでした。
小沢　オイランでも妙に口数が少なくて、機嫌でも悪いんじゃないかと気にしてるとその実は物凄いズーズー弁で……（笑）。それからお客って奴は、つまり男ってのは身の上話をバカに聞きたがるでしょう。そのために彼女たちは二つ三つの身の上話を用意していたもんだとかいうことを聞きましたがね。
女将　さァどうでしょうか、こっちのほうでは身の上話はするんじゃないよ——とかえって注意してあるくらいですよ。身の上話をしたおかげで、オイランのいなかまで行ったお客さんもあるんですから……（笑）。
小沢　その男、純情なのかバカなのか……。
女将　だから、適当にお客を喜ばすためにも頭のいい妓は身の上話をいくつか作ってたのもいないことはないでしょうねェー。

小沢　あたしこの家、どうも二度ほどお世話になってるような気がするんですよ。

女中　自分のあがった店というのは案外おぼえているもんですよ。戦後でしょう?　渡辺篤さんなんかいまだにいらっしゃいますよ……えェ、お泊りになってマッサージを……。

小沢　昔の、よき時代を偲びに来てるんと違うかな……。

女中　そうでもないでしょうけど、まだまだ古い方で大勢さんいらっしゃいます。

女将　当時のオイランは、いまの娘さん方からすると義理もあるし資格もあるし、何といいますかケジメがしっかりしてましたよ。

女中　いまの女はそれからすると、ホントにいやですねェー。

小沢　娘なんだか女房なんだか、女房もホステスも見ただけではわかりませんものね(笑)。だいたいこういったとこじゃ、一人のオイランとできると、同じ店の他の女と乗りかえるというのはうるさかったですよね。

女中　えェーうるさかったですよ。本人が休んでる場合、馴染のお客さんが来るとしかたなしに他の女をあてがったりしますね。それがそのまま流れる場合あるんです。最初の女に客がもどらない場合があるんですよ。

小沢　すると、お客をとられた結果になるわけね。

女中　そうですね。自分が体悪くて休んでる時、かわりに他の女と寝てもらうんです。そうするとお客はその女のほうがよくなって自分のほうへ来なくなるんです。

小沢　男ってのは、みんな新しいもんが好きですからねェー（笑）。

女中　そういうことになったら、〝捨《す》て玉《ぎょく》〟といって、オカネをよけい出してもらって見切りをつけてもらうんですね。

小沢　あ、前の女にオカネを出すんですよね。それどのくらいでしたかね。捨て玉代というのは、普通の玉代のホンの上乗せぐらいですかね。

女中　よくご存じですねェー（笑）。

小沢　実はあたしなんかもずいぶん捨て玉をしたもんですから（笑）。また、あたしのあがった店というのが、初会の女のときよりきまっていい女が出て来てるもんですから（笑）。しかし朝なんか前の女と顔を合わすとヘンなもんですなァー（笑）。

女中　そのとおりとはいわないにしても、それこそオイランの手練手管《てれんてくだ》というのがあったでしょうねェー（笑）。

小沢　女中さんは昭和の初めごろから吉原でお仕事をなさってるとすると、かれこれ四十年になるわけですが……。

女中　えェーこうしていまもここで働いてるんですが、いまも昔の吉原だと思って来る人がいるんですよ。いまは絶対だめだといっても、どうにかなるだろうといって……。

小沢　マッサージの女も腕次第でどうにかなるんですよ。だもんだからみんな……。

女中　ですから、オレの腕次第でどうにかなるだろうといって来るんですよ。

女将　いまの若い男の人たちはどうしてるんですか。遊びやなんかどこへ行くんですか。若い男の人たちは……。

小沢　つまりいまはどこもないわけですよね。トルコはといっても高うございますからね。昔の吉原で遊んだ貨幣価値からしますとたいへんな差ですからね。ですからサラリーマンでも月給をもらってからサラッと用を足して家へ帰るとか、まァ月一回か二回。商店主とか自分で小遣いをあまり不自由のしない人ならトルコ通いもできましょうが、なかなかオカネがかかりますから……だから若い人は友だちの中で、いまの言葉で恋愛をするということですね。それしかセックスの処理のしかたがないわけですね。バーやキャバレーの女と遊ぶにしたって「じゃ今夜お付き合いしてもいいワ」と女が体を寄せてきたので、早速店の飲食代の勘定してもらうと、ホテル代もなくなって……という不運な奴はザラにいますからね（笑）。

女将　それで私たちも、若い男の人たちの遊ぶところがなくなって困ってるという話をよく聞くんですね。

女中　いまの吉原でも、夜になると屋台のおでん屋やなんかずいぶんでましてね。そのおでん屋の女が客を引きましてね。この中ではありませんがどっかへ行くようですよ。

小沢　どのくらいの玉代をとってるんですかね。この辺りでは……結構いい商売してるんでしょうかね……。

女中　近ごろは、恋愛も莫大なオカネがかかる世の中になっちゃったんですね（笑）。

小沢　新内流しなどは部屋の中へは入れなかったようですね。

女将　はいれるのはタイコ持ちだけで、新内は外で流してるだけです。その新内流しにオイランが惚れちゃうのがあるんですよ。

女中　それで流しの男がオカネを持ってそのオイランのお客になろうとするんですが、それを番頭はあげないんですよね。〝はきもの〟にしちゃうんですよ。

小沢　その、〝はきもの〟というのは？

女中　上にあげずに外へはき出す――ということですね。それで〝はきもの〟というんです。普通のお客さんでも、番頭さんは足の先から頭の先まで見ましてね。これはオイランのためによくないと思うと、〝はきもの〟にするんです。

小沢　そうです。芸人さんはカッコよくって口もうまいもんですから、オイランが惚れちゃってしまいにみつぐようになるんですよ。いまでもその辺りのトルコの女子衆はみんなそれですよね、結局は……いくら働いてもみんなそのスジの奴らに吸いとられてしまうんですよね。それを昔は牛太郎さんが玄関口で〝はきもの〟にしちゃうわけですね。

女中　チョッと粋でカッコがいいと、ついオイランはひっかかっちゃうんですね。

小沢　それだけ、カゴの鳥でもあったわけでしょうねェー。

女中　あれで、オイランがいちばん苦労するのは移り替えといいましてね。六月と十月がいちばん苦労しましたよね。十月は夏から冬へきりかえる時ですから、そんな時期は、玉《ぎょく》ぬきといいまして普通の時の三倍お客さんに出してもらうんですよ。

小沢　それでつまりはキモノ代を捻出するわけですから、そりゃたいへんだ。噺家《はなしか》のはなしにもありますよね。『品川心中』というのが（笑）。少しボーッとした男をうまいことだまくらかしてゼニをとり上げるの……。

小沢　今考えると、吉原時代というのは安かったですね。昭和三十三年の禁止間近は少し高くなったけど、普通でお遊びが千円。つまりチョンの間というやつ（笑）。時間が千五百円、お泊り三千円が相場でしょう。

女中　よくご存じですこと（笑）。

小沢　戦後ずーっとは、お遊び三百円、五百円でしたね。泊り千円から二千円というのは相当長い期間続いてたように思いますね。

女中　まァ千五百円か二千円の時代というのがかなり長かったですよ。〝マワシ〟なんかもありましたから……（笑）。

小沢　あっ、忘れてました〝マワシ〟がありましたな。あたしゃえらいことありましたよ。朝になっても女は来やしないんだから……（笑）。

女中　三人ぐらいマワシをおいてると、オイラン、お客さん忘れちゃって、朝になって、「あの部屋へ寝てるお客さんの相方は誰だったい？」というと「あっ、忘れちゃったワ。アタイのお客さんよォー」って（笑）。本当にオイラン忘れちゃってるんですよ。

小沢　あ、悪気はないんですかね。

女将　お客さんもやはりすまないと帰りませんしねェー。

小沢　いま来るか、いま来るかと思ってるうちに朝になっちゃって（笑）。眼は真っ赤にふくれ上っちゃって――そこへオイランが「お客さーん、スミマセン遅くなっちゃってェー」「遅かねェーや、朝だぜェー」って皮肉をいいながら半分泣いちゃってんですよね（笑）。

女中　そんなことはオイラン知っちゃいないんですよね。そのかわり朝のサービスいいでしょう。

小沢　ところがこっちは夜どおし寝もやらずで疲れ切り、気はあせれども肝心なほうはいうことを効かず……（笑）。

小沢　戦後すぐでしたか、三百円時代というのがありましたな。時間が五百円、泊りが千円と……。

女将　そのころ小沢さんは役者さん？

小沢　いえ、ホンのタマゴの前ぐらいでした。おかげでマワシの苦しい気持ちも味あわせていただきましたし、これを知らないと、江戸落語なんか聞いたってわかりませんよ。

女将　三國連太郎さんなんかもよく来ましたね。三國さんなんか鳥打ち帽を深くかぶって……（笑）。

女中　どうして、こういうとこへ来なけりゃいけないんだろうと思ったもんです。

小沢　みんな何だかんだ言ってたって、女には不自由してたんですよ（笑）。戦後のそのころは、だいぶ、分の分け方もかわってたんじゃありませんか。

女将　四分六《しぶろく》でした。それもオイランが六分の、主人側が四分の、逆になりましたね。

女中　ですから赤線禁止のころは、みんなカネを持ってましたね。土地を買ったり……。

小沢　でもなかには、借金棒引きというのもいたでしょう。

女将　それがうちにはいなかったです。

小沢　みなさん信心ごころというのは？

女将　ありましたね。店があく前はみんな、仏さまにお線香をあげましたね。

小沢　お稲荷さんはなかったんですか？

女中　自分だけ、押し入れに飾ってるのもいましたよ。
女将　うちはみんな法華経でしてね。店、始まる前、時に番頭さんにみんな連れられて、ちゃんとお詣りしてから店へ並んだり……。そういう点はみんなよくやりました。
女中　いまの女はだらしがないですね。
小沢　そうですとも、みんな型がなくなって、ズルズルべったりですからね。シロウトなのかクロウトなのか（笑）。昔は着てるもんで、番頭さんもわかったが、いまの女は奥さんなのかホステスなのか。これぱっかり言ってる（笑）。
女中　オイランのほうがしっかりしてましたね。いまの女たちよりは……。
小沢　いい女は〝玉《たま》抜き〟といって他の店へ抜かれることもあったでしょう。番頭さんも見逃して……。
女中　吉原のナカでナカどうしの店ということはないんです。他のシマから来るんですよ。
小沢　あ、ここから他の場所へ。または他からここへというわけですな。玉抜きの符牒のようなものはあるんですか。
女中　ありません。やはり玉抜きです。
女将　普通のお客さんに玉抜きされたことありますよ。これなんかわからないですよ。また他のシマの店の者が玉抜きを目的でやって来るのがいるんですね。

小沢　商売道徳に反するわけですな。結局あれは、女の妓のいいのがそろっていれば、必然的に繁盛するわけですから、やはりいい妓をそろえたいんでしょうし、戦後で女がいなくて困ったという時期はありましたか……。

女将　戦後すぐは本当に困りましたね。

小沢　そうでしょう。世の中がいっぺんに変わって自由になっちゃったんですから。

女将　それでも少ししますと、徳川さんのお嬢さんが来ましてね。それも持ち物が凄い豪華な物を持って来ましてね。「よろしくおねがいします」というんですよ。

小沢　そんなエライ女性は、シゴトにぐわい悪いでしょう（笑）。

女将　ぐわい悪いですねェ。徳川さんもそうですが、そのあとやっぱり偉いところの娘さんが来ましてね。このお嬢さんも持ち物が凄いんですよ。こういうとこは一応お医者さんに診てもらうことになってるんです。

小沢　吉原病院ですね。いまの台東病院。

女将　そうです。そうするとお医者さんが「この女はだめだよ。処女だからもったいないよ」というんですよ。結局、徳川さんもそのお嬢さんも帰ってもらいましたけど。

小沢　オヤオヤ、そのまま帰すなんてそれこそもったいない（笑）。

〝水あげ〟といいますか、処女の話が出たついでにですけど、本当の処女なんて来るもんですか、そのお二人さんは別にして。

女将　まァめずらしいでしょうね。
女中　どんなんでも、はじめて店へ来た女は水あげなんですよ（笑）。
小沢　あ、つまり前はどうであろうとここへきたのははじめてということで……。
女中　そうです。一週間ぐらいはズーッと水あげです（笑）。
小沢　パチンコ屋の〝開店〟と同じですな。
女将　初見世――の看板も半年ぐらいはかかげておきますものね（笑）。
女中　でも本当にはじめての女もいるんですよ。
小沢　そういった娘さんには、ずいぶんと気を遣うでしょうね。はじめからヘンなお客を相手にさせたくないでしょうし、とにかく女は最初だからただオドオドしてるでしょうし……それをやわらげてやるようなコツはあるんですか、こういった吉原の世界には……。
女中　あれは番頭さんがよく話をきかせてやるんですよ。
小沢　あ、最初は番頭さんですか。なるほどねェー番頭さんがねェ。まァ牛太郎って人は粋もアマイもみんなくぐったんですから。
女中　えェそうですよ。ホントに番頭さんってありがたい人はいません。みんな一度はグレた人たちですが……。
小沢　いまでも射的屋さんが一軒残ってますが、射的屋の女のコというのはお客をとらなかったもんですか？

女将　とりませんでしたよ。昔から……。

小沢　あたしはまた射的屋の女というのはカゲでなんかあるんだろうと思ってたもんですがね。みなさんそのころ本当に寝る時間というのは何時ごろだったんです。

女中　遅くても十時までに客を送り出して、それから夕方までの時間ですね。

小沢　もっともお女郎さんのなかには、客に尻を向けてグーグーやってんのもいましたから、改めて寝なおすことも（笑）。しかし、戦後は昼間のお客さんもあったでしょう。戦前だってそうでしょうけど……。

女中　えェ、日曜日なんか兵隊さんが来まして。みなさん四、五人連れの団体さんで来るんですよ。

小沢　兵隊さん、それをたのしみにして来たもんでしょうな。昼間ってのは何となくゆったりとしてよかったもんですよね。

女中　えェ、マワシはありませんしね（笑）。

小沢　夜はどうもせきたてられてるみたいで。それにブーブーベルを鳴らすようになったでしょう。いま床へはいったばかりだというのに、あっもう終りかなんて（笑）。あのベルどこで鳴らしたもんなんですか？

女将　帳場です。時間をはかってまして。

小沢　女とイザコザがあった場合、誰がそれを裁くんですか？
女中　番頭さんですね。番頭さんでケリがつかないようなことはありませんでしたね。
小沢　検診日というのがありましたね。
女将　一週間に一回、江戸一と江戸二は何曜日……という具合にきまっていましてね。
小沢　それをあたしの友だちはよく知ってましてね。きょうは何曜日だからどこそこへ行こうなんて（笑）。トイレに洗滌器を置くようになったのはいつごろからですか？
女中　戦後ですね。どこでも置くようになったのは……。
小沢　するとその前はどうしたんです？
女中　オイランは風呂場のすみのほうで洗面器にまたがって……（笑）。
小沢　やはりぬるま湯ですか？
女中　よくご存じですこと（笑）。
小沢　東京パレスというのが小岩にございまして。そこは廊下の奥に女性用の洗滌室が共同になってましてね。女がよく並んでましたよ。洗っても洗わなくてもたいした効果はなかったでしょうけど（笑）。使ったサックを集めてまた売ってた商売の人がいましたけど……。
女中　さァー見たことありませんねェ。
小沢　もちろん戦後ですが、ゴミ箱やなんかに捨ててあるのをひろってきれいに洗いましてね。それをウドン粉かなんかでまぶして元のような型にして、ハトロン紙で包んで十円のものなら五円とか三円とかで卸していたとか……（笑）。

女将　見たことありませんでしたね。でもあれは使わなけりゃいけないとやかましくいわれたことはありますけど……。

小沢　どんな人がそれを持って来るんです。

女将　化粧品屋さんが持って来ます。

小沢　あれはオイランの自前ですか？

女中　そうです。病院へ行くと〝衛生講話〟というのがありましてね。あれの使い方なんかを教えてくれるんです。こうやって見て穴のあいてるのはだめだとか……（笑）。

小沢　あたしなんかもタバコの煙をフッと吹き込んで煙がもるのはだめだと（笑）。

女中　風船みたいにふくらませて遊んでる妓がいたりしましてね。昼間は……（笑）。

小沢　どういう女が一番売れたもんです。

女中　そりゃ器量もありますけど、ちょっとヌケたような女はよく売れましたよ。きちんとした女は案外だめね。

女将　自分の部屋をきちんと掃除してあるようなオイランはだめでしたね。かえってだらしのないような女がよく売れましたよ。アカ抜けないようなのがよかったですね。

小沢　気のいい女なんですかね。

女中　それもありますけど、お客さんのいいなりになるような女が売れたんです。

小沢　あ、こんどはあちらを向いてといえばそのとおりにするような。「やめてよ、しつっこいわねッ」なんて女はだめですよね（笑）。あれいわれるとショックですからね。「なによ、安いカネで」なんて（笑）。顔のいいのはやっぱりだめのようですな。初会だけで裏を返す気にならないんですな。つまり、なじみにはならないわけで……。

女将　えエ、初会はつくんですよ。いつも初会ばかりで（笑）。

小沢　これでもう昔のようには赤線ももどらないとあたしは思うんですが、どうです。

女将　そうですね。もどりませんよ。

小沢　あたしも、もどらないほうがいいと思います。どうですか？

女将　もどらないほうがいいですね。

女中　あたしもそう思います。もういやですね。いまはいい世の中ですよ……。

パンツーマンの傾向と対策
山内俊一さんに聞く

ニューポート社は〝おしゃれ下着〟なるもののお店。渋谷駅近く、高速道路ぞいにある。マルイだけでなくパンツも駅のそばだ。

御主人は山内俊一さん、進駐軍の通訳をやっている頃、アメリカの雑誌にヒントを得てこの商売をはじめたという。

お客ひとりひとりの片よった特殊な好みに合わせて親身になってパンツの相談——これがほんとうの、パンツーマン方式。

山内　うちのお客さんは、ご婦人より男のほうが多いんです。これは理論的に考えてみるとムリないんですね。というのは、下着というものは、わたしらからいわせると——ご婦人の下着ですね——これは着るものじゃなくて見せるものなんですね。つまり、異性の男性に見せるということですね。逆にいえば、男が見たがるわけです。家庭の主婦は、まごまごすると子どもとか生活にかまけて、色気とかなんとか、そういったものがおきざりになっちゃうわけです。そうすると、ご主人としては非常に不満を持ってくる。するとショウとかいろんな、かなりどぎついものを外でごらんになる。ムホン気のあるご主人ですと外で遊んじゃうということになるわけですよね。おとなしいご主人だと、ご家庭でもってなにかそういう雰囲気を出してみたいというような気が起きてくるわけです。女房にひとつ変わったデザインの下着でも着せてみようかという気になるわけですね。そういうところから、ウチへおいでになるお客さんが多いですね。むろん、商売上、キャバレーなどのお仕着せですね、そういった注文もありますけれどもね。

小沢　ネグリジェ・サロンとかいったところですね。

山内　大口っていうことはそういうとこですね。わたしのところではそういうキャバレーやバーなんかのマネージャーを相手に契約する。でないと、ホステス相手ですと、かなりウルサイですし……仮縫いとかですね。

小沢　ああ、なるほど。ハアハアハア。

山内　一括して、なるたけ仮縫いを厳密にしないですむようなデザインのもので、大中小ぐらいで入品しちゃう。

小沢　仮縫いしてたら大変だからな。もっともボクはその一人一人の仮縫いの係になりたいです（笑）。

山内　いやぁ、それはウルサイですよ。よけてやんなきゃ。でないと、とても人手が足りないところへもってきて、まにあわないですよ。一般の他のものがですね。最近のわたしのところの傾向としては、店においでになるお客様も通信販売のお客様も非常に多くなりましたね。やっぱり殿方が多いですね。

小沢　ああ、そうですか。割合はどのくらいですか、通信と直接店に来る客と。

山内　ほとんど……直接のほうがやや低いでしょうか。

小沢　それから男と女の比率はどれくらい。

山内　男女の比率は、おそらく八対二か九対一ぐらいで男のほうが多い。

小沢　だけど、女にせっつかれて男が注文するって場合もあるでしょうね。通信販売の場合は男名前だとか……。

山内　逆ですね。女名前で……。

小沢　女名前で男が……フーン。

山内　つまり婦人下着ですからね、ていさいが悪いんでしょう、手紙出すにも。

小沢　小沢昭子になる（笑）。

山内　このごろ倦怠期だから、なんとか刺戟を出すために女房に着せたいといってくるかたもあれば、若いかたは彼女にプレゼントするんだからというのも多いです。昔は、女性へのプレゼントに下着なんてとても……そんなことすれば、あの野郎いやらしい野郎だなァ、ということになったんですがね。今はそうでもないらしい。平気で、下着をっていうことがあるらしいですよ。

小沢　夫婦倦怠期が乗り切れたり性生活が充実すれば、一種の社会事業ですね、これは。

大げさにいえば。功績があります。
山内　まあ私のとこだけですね。
小沢　類似品は。
山内　私のとこ真似たものが一カ所できたんですがね。もう六年ぐらい前になるかな。ところがやっぱり本家には勝てませんよ。私らが一歩常に前に出ていますからね。
小沢　相当、こっちへ盗みにきたりしたわけですか。著作権侵害に。
山内　エエ、そりゃもうねえ、スパイでひどかったですよ。たえずスパイに来てんですよね。私のほうは本家だからね、相手のことなんて別に探りもしないんですがね。お客さんが持ってくるカタログなんかみますとそっくりなんですね。ウチの雰囲気がそっくりでてるんですよね。
小沢　スパイとはおもしろいですな。産業スパイがここにもあらわれて……。
山内　客をよそおって来たり、雑誌社やなんかの名をつかって衣裳を借りに来たり。ゆっくり調べようというわけなんでしょうね。
小沢　裁断から型までとろうってわけだ。
山内　私らだってはじめから独創的に考えだしたかっていえば、かならずしもそうじゃないんですからね。最初は、むこうのフレドリックが下着にパンティを付属させて売ってるように、私らもかんたんなネグリジェ式のもので出発したわけなんです。ところが、どうもお客はシックリこないらしい。いろいろと話しすると、パンティがほしいなんていわれる。こっちはどうも見当がちがうんです。で、じゃあしようがないからパンティとネグリジェをペアにしたデザインのものにしようと、二回目は考えを変えちゃったわけです。で、やってるうちにパンティ類なんかものすごく種類がふえちゃった。

小沢　お客さんの要望でできたデザインみたいなものは。

山内　ほとんどですね。ことにパンティ類はそうです。お客に教えられちゃうんですよ。だから、まずお客が何を求めているかを先に知ること、これが商売のコツですね。

小沢　お客さんの要望から創作されたようなものなんかおありですか。

山内　ええ、それは多いんですね。たとえば、去年あたりから男物下着のオシャレがはやってきたわけでしょ。私どもでは男物はやってなかったんですけど、一昨年《おととし》あたりからそれも手がけちゃって。ブリーフっていうかパンティというか、前をとくに誇張してとがらしてくれというわけです。私たちはサポーターみたいにキュッとおさえるもののほうがいいと思ったんですがね、お客のほうは……。

小沢　りっぱにみせてくれ、と。りっぱなものにみられたい、と。ゲイの人なんか、相互に初対面からスッポンポンにはならないで、それで、〝オッ、これはいい男性である〟と確認させるためには、やっぱりそういうパンツが必要であると。そういうのがあるんでしょうね。

山内　あるんじゃないかとは思いますがねえ。どうも内実的なことはわかりませんけれど。女性のほうにもあるらしいんですよね。

小沢　男装の麗人なんかとくに気になるんじゃないですか、大きくしたいという……かねて小ささに不満を持っていて（笑）。こんなにキラビヤカに、いろんな型がありますが、いちばん好評なのは、今はどういう……。

山内　そうですね。パンティ類ですと、局部が開いてしまっているという型。これは従来の観念では考えもおよばなかったことですよね。

小沢　そうですね。脱がせりゃいいというもんですからね。

山内　われわれの観念では、パンティはかくすものだということだったですよね。ところが、一般のパンティに凝ったお客さんは、かくすもんじゃなくてみるもんだというんですね。それが露骨になると局部の部分の布がないものということになる。

小沢　パンティもほしいし局部もほしい。だけど、パンティしてれば局部はみえないし、局部をみようとすればパンティはみえない。両方いっぺんに見るにはという〝二兎を追う精神〟から考えだしたわけよね。二兎を追うもの一兎を得ずというが、ここでは二兎を得たわけだ（笑）。

山内　われわれは、局部のないものがほしいんならはじめからはかなきゃいいじゃないかと考えたんですけどね。で、お客から話があった時には、そんなバカらしいことなんかというので当分ほっといたんですよ。ところがあんまり催促するもんだからつくってみたわけなんですよ。

小沢　じゃ、これは最初はある個人の熱望によって、その個人にあたえたわけですな。ところがそれが評判になった。

山内　ええ、ま、最初のオリジナルは立っていると前からはみえないわけです。変なところがですね。下のほうだけがあいてるんです。

小沢　ハハァ。アンダーシャツをさかさに着たようなもんですな。

山内　ところが客が満足しない。いや自分たちの求めているのはもっとみえるものだ、と。そこで今度は……。

小沢　しゃがまないでも、立ったままでみえる……。

山内　前をもっと上にクリヌクことを考えたわけですね。

小沢　完全に前かけスタイルだ（笑）。

山内　それにもっと種類がほしいというわけで、デラックスな飾りをつける。そういったものがでてきたわけですね。

小沢　ホホウ、なるほどね。

山内　ところが調べてみると、外国にもある。

小沢　洋の東西を問わず、人間の考えることは……。

山内　だいたいドングリの背くらべ。似たようなもんで、だれでも同じようなことを考える。リボンで結ぶようになったもの、ボタン式のもの、などね。

小沢　ボタン式なんて、オムツカバーだ（笑）。最初、こういうもの要求してきたのはどういう人ですか。おとしをめした人ですか。

山内　エエッ、はっきり記憶にございませんけれど、中年の個人ですね。ふつうの。若い人で凝ってる人は少ないんじゃないですか。

小沢　若人は突撃精神だけで（笑）。だんだん作戦が問題になってくると……。これは、つまり、あれですか。デザインなさって品物をつくりますね。それで、はいてみて、最初は人形やなんかにはかせてみて……働いてるお嬢さんやなんかにやっぱりはかせて……。

山内　ウーン、それはないです。

小沢　やらないですか。ハーア。

山内　ウチの女房などこんなものはきやしないですよ。これは売るモノでね、はくものじゃない……。

小沢　紺屋の白バカマならぬ、パンティ屋の普通パンティ（笑）。……しかし、下着の、見る要素、男性に見せる要素ってのは、これは戦前とは格段の、〝革命〟ですよ。その、つまり先鋒隊というか……。

山内　鴨居洋子さんね、あの人が関西ではじめたのと前後して私もはじめたんです。ただ、むこうはジャーナリズムに関係があって、かなり宣伝しましたよね。この局部なしってシロモノ、鴨居洋子さんもつくってますね。なんだむこうもやっぱりつくっているか、なんて思ったんですけどね。これからの下着は全部ナイロンの透明なものになっていくって言ったらしいじゃないですか。私のほうはあまり宣伝しませんから。オリジナルということばもあまり使いませんしね。

小沢　最高に高いものってどのくらいですか。

山内　それほど高いものはないです。お遊び用に使う場合が多いですからね。ベラボーなヤツはやっぱり買わない。あるていどは承知の上ですけどね。一般のモノのように大量生産じゃなくて半手工業的なもんですから、どうしても値段が高くなるわけです。労働賃銀も他より高めにだすということもやってるわけですからね。一般の婦人下着屋さんの品物よりちょっと上まわるわけなんですよ、値段が。利潤はそうないんですけどね。ところがねえ、うちあけた話、ブラジャーよりパンティのほうが出るんです。ネグリジェとか水着とかいろいろあるけど、やっぱりパンティがいちばんはける。われわれとしてはおもしろくないですがね。ちゃんとしたネグリジェやなんかがどんどん出てほしいところなんですがね。ブラジャーとパンティのペアをつくっても、パンティだけ持ってくのが多いですね。下だけ売らないかってね。

小沢　やっぱし問題はあの一点にしぼられる（笑）。なにかひじょうに不愉快な思いをなさったことなんかありますか。
山内　エエ、それはありますよ。一度使ったものがほしいとかね。
小沢　それじゃ古物商になってしまう。
山内　現実にそんなものを売ってるところがあるらしいですね。お客さんの話だと。
小沢　なかなかいい商売ですね。どんどん汚して、それで売りゃいいんだから。
山内　『F・K』って雑誌、そこの読者はすごいんですよね。例えば責めに使うパンティとか衣裳、その写真持参で、これつくってほしい……これがふえちゃって、しまいにはカタログつくってくれ……で、カタログつくったんです。こんなものやったってウチじゃ採算とれないと思うんですがね。この連中、不愉快といえば不愉快ですよ。
小沢　いじめたい、いじめられたいってのがかなりいるわけですか。
山内　ええ、そういう連中から注文があるわけです。このブラジャーなんかもそうです。これは男のシンボルを上のほうへ常に立てたいというわけのものですね。鍵かけるようにできたのもある……。
小沢　一種の貞操帯ってわけだ。強制サポーターね。なるほどね。
山内　シンボルを立てるものなんて、そういうのあるかと思って、私、はじめは不思議だったんですけどね。たまたまテレビでニューギニアの現地人の映画やってましてね。

彼らが先にはめてるみたいで、何か筒みたいなものをこう立ててんですね。ああ、こういうのをお客がみてて、それで、と思いましてね。びっくりしました。それから、この連中、ゴムの生地のものをほしがるんですね。

小沢　はあ。きつくしめるためかなァ。

山内　ええ。パンティでも何でもそうです。われわれからみると、パンティというもの——これ下着全般にいえることですけれども——は、通気性がなければ実用的じゃないわけです。だけどゴムには通気性がないですからねえ。ゴムのパンティなんて非実用的なもんなんですねえ。それをひじょうにほしがる。ゴムのブラジャー、コルセット、ランジェリィ……極端にいうと、からだ全体をゴムでつつみたいという欲望があるんですねえ。で、ま、最近はゴムの製品をだすようになったんですがね。こちらがなかなか納得しないもんだから、お客は外国の雑誌持ってきてみせるんですよ。アメリカなんか流《は》行《や》っているんですねえ。あっちにもこっちにもゴム製品てものでてますよ。それから革。革ってものはしめらせるとそれが乾くにつれて縮まる性質があるんですね。そうすると、きゅうっとこうしめるというんです。

小沢　典型的なマゾのあれになるわけですね。それに、この名前がみんないい名前ですね。オン・ザ・ロックなんてね。これはみんな山内さんお考えになったわけですか。

山内　ええ、そういうのもあります。アメリカあたりでは全部いろんな名前がついてますから、そこから探してとってくるのもありますしね。

小沢　ははあ、なるほどね。ねえ、ノー・バックのブラジャー、〝オン・ザ・ロック〟なんていいですね（笑）。フランチェスカとかさ。

山内　なにしろ、カタログにバタフライなんかもでてるわけなんです。

小沢　踊り子用の……。

山内　ええ。なにもこちらで特別にストリッパー相手に商売やるつもりでつくったんじゃなくて、最初は普通の家庭のかたがほしがったわけなんです。

小沢　奥さんを踊り子にみたてたい、と……。

山内　そういうわけなんでしょうね。きっとね。ええ。……あるいはご主人が映画か劇場でみたストリッパーのものを、家にもということかもしれませんね。バタフライはないかというわけです。それでわれわれのほうもこさえはじめたわけなんですけれども、現実にはプロのストリッパーが使っているのとは多少違うんです。というのは、プロは、場合によってはナイロンのテグスみたいなやつでつってるわけですね。でも家庭にそれ持ちこんだのでは、たちまちアザができちゃう、奥さんのほうにね。文句がくるわけです。ウチではひどく苦労したわけですよ。家庭に持ちこんでも大丈夫なように、と。

小沢　ホーム・ストリッパーというわけですね（笑）。ホーム・ヌードとかね。ホーム・バタフライ。

山内　ええ。通信販売で全国にわたっていきますからね。田舎のほうでは雑誌のグラビアなんかでヌードのあれみると、やっぱりほしくなるらしいですね。そういう心理らしい。

小沢　身近に手にしてみたいのか、ハア。写真だけじゃあきたりなくて。……だいたいどの地方が比較的多いんですか。

山内　ううん。統計とっていませんけどねえ。はじめは東京は少なかったんだけど、それがだんだんふえてきましたねえ。それから関西方面もかなり多いですね。

小沢　全体的にみてやっぱり関西が多くないですか。

山内　やっぱり、かなり多いような気がしますねえ。

小沢　はあ、そうでしょうね。……ファスナーのついたやつは、評判はどうですか。

山内　いわゆるチャックつきパンティというやつですね。ことばが流行ったのが四年ぐらい前じゃないですか。お客さんは気にしますけどね、ひっかかるんじゃないかって。われわれのほうでは多少それを考えまして、内側のほうに少しキレの余裕がでるようにしてます。あけてね。ファスナーがじかに肌にあたらないようにはしてありますよ。

小沢　多少切れるのもまた妙味だという人もいるんじゃないかな、ほんと（笑）。男女兼用ってのもおもしろいですねえ。

山内　われわれは別箇に考えましたんですがねえ。ま、日本人てのはヒドイですからねえ。いろんな人種がいるんですよ、ねえ。一つのパンティを自分もはき、女房にもはかせたいというのがいるんですよ。逆ももちろんあります。女のはいたのをはきたい。どうもそうらしいんですよ。

小沢　経済的だしね、でも大勢で使ったりなんかしちゃいけないな、衛生上よくない（笑）。どういうふうになってんですか、この男女兼用ってのは。

山内　それは、女性用の……型から説明しますとね。昔はダブダブしたものばかりだったのが、シャレッ気なものになるにつれて、面積がちいちゃいものになってきたわけなんです。ピッタリして、はいてても露出部分が多いってものが出まわってきたわけですよね。だけど、女性用はかなりちいちゃくていいけど、それが男性用となるとそうはいかない。とんでもないとこがはみだしちゃうわけです。そうかといって、今では男性用もかなり狭いものが流行ってきていて、なるたけはばの狭いものというわけですね。はじめは何の気なしだったけど、女性用を買って自分ではいていたお客から苦情がきたわけです。こんなものはけやしない、と。それでわれわれも考え直しちゃって、はばを――男物は前のほうを少し広くし、女物はその逆です。原則として。そうかといって、とにかく、女がはいてるようななるたけ面積のちっちゃい、前のちっちゃいやつがほしいというのが多い。そこで、じゃあ両方に兼用できるようにと、その中間ぐらいをとったやつがいくらかでてきたわけですね。その上に、今ではファスナーつけたり、多少変化した型がでてきたわけです。実際にこんなはばの狭いものの場合は、ファスナー必要じゃないわけなんですがね。要するにモードでしょうね。

小沢　まあ、男女ともちっちゃくなる傾向だけども、なくならないところがね。なくなっちゃあなんにもならない。で、この、男の下着なんかがうれてるのは、やっぱりまあゲイの流行と比例してるんじゃないでしょうかね。

山内　ええ。ちょっとみると、男のパンティか女のパンティかわからないみたいに、ハデにもなってきましたからね。銭湯なんかいきますと、若い男なんか最近はもう真赤なヤツを……。

小沢　はいてんのがいますねえ。

山内　それで本人も平気だし、周囲も不思議そうな顔しない。

小沢　この網サポーターなんておかしいですね。

山内　これ、さっきいった『F・K』の読者連中の希望です。普通のサポーターじゃものたりないからって、網のとかナイロンの透明なやつとか注文してきまして、それではじめたわけですよ。

小沢　ウサギを網ですくったときと同じようになる。

山内　ええ。ちょうど網ですくったように（笑）。現実にね、お客さんがそういいますよ。そういう感じをだしたい、と。

小沢　そこまでくると。芸術ですよ（笑）。

山内　なかには、バタフライ、男のバタフライをほしいというのもでてきましてね。

小沢　はあ……男のバタフライ、ねえ。

山内　いや、ひどいのがいるんですよ。常識はずれの連中がいるんですよ、日本中にはね。男のね、メンス・バンドがほしいなんてね、われわれもひっくりかえるような……たまげさせるヤツがいるんですよ。もうね、私たちは女性のメンスなんて聞いたら気分が悪くなるんですがね、そうじゃなくてひどく興味持つ連中がいるんですから。なかには自分で着用してなんとなくムード出してる連中がいるらしいんですよね。

小沢　ま、ほんとにいろいろ研究されてますよね（笑）。女性で非常に変ったものをみずから要求してきた人なんかいませんか。

山内　うーん。女性はやっぱり消極的ですから少ないですね、直接的にはね。むろん、マゾサド的な衣裳を注文してくる女性はけっこうありますがね。

小沢　プロの女性でね、商売としてより以上に男性を悩殺したいというような……。

山内　ええ、これはよくきます。女性で店にくるのはそういう人が多いですね。むろん家庭の奥さんがおいでになる場合もありますけどね。ご主人がほしがるからといった口実でね。

小沢　しかし、ま、普通の家庭の主婦も、婦人雑誌やなんかで性生活の充実なんてことをしょっちゅうアピールされて、そうしなきゃと思いこんでいてね、そういう女性からの注文も……。

山内　ええ、それはね、あります。それから主人の浮気防止、外で遊ぶよりウチでそんなことに使ってるほうが、よっぽど安くついていいというわけですね。

小沢　それこそオン・ザ・ロック一杯で、こっちのオン・ザ・ロックが買えるわけだから。何種類ぐらいになるのかしら。

山内　そうですねえ。百十種か百二十種はでまわってますね。それに毎月新型をだしてるし。色のちがいもありますしね。モノによっては七種類ありますよ、色が。

小沢　やっぱりピンク系がいちばん……。

山内　ええ。やっぱり原色の強いものがよろこばれますね。赤とかピンクとか。ことに凝ったものになってくると色に対する個人の好みがひじょうに強いんですよ。黒の好きな人は他の色は受けつけないし、なんでもかんでも赤だという人もいますし。

小沢　オルゴールつきのパンティなんかどうですかねえ。

山内　いいんじゃないすかねえ。あのう、豆電気のつくというやつ。チャックをあけてするのに暗いところじゃみえないからっていうんだけど、ほんとの目的は、明りをつけてとんでもないところをみるということなんですよね。あんまりどぎつすぎる、「私はウチの女房を町の売春婦みたいにしたくはない」てなことを、評論家が書いてましたがね。たしかにそうだと私も思うんですよ。意見はおんなじでね。どぎついものは考えものだという、私は意見を持ってます。私自身もね、自分の女房に町のコールガールみたいなことやらせたくないですよ。

小沢　しかし、ま、やっぱり需要があるから供給があるんでしょうね。

山内　しかし、一般の性欲面というものは、刺戟を興味をもって追い求めますとね、最初は一の刺戟でかなり感じたものが、次のときにはもう感じなくなってもっと強い刺戟を求めるようになる。そういう人いますよ。その次には四倍というぐあいにねえ。しまいにはとんでもないことになっちゃうでしょ。そういう連中がね。

小沢　でも、現実にそういった人が存在するんだから、そういう人たちがこんなもんをつけるぐらいのことで満足してるなら、むしろそれが変なほうにねじ曲がっていくことのほうがね、こわいかもしれませんね。もとをただせばたあいないことですからねえ。

山内　変に曲がれば、町の痴漢とか通り魔ですか、あっちへいくということがありますねえ。現実にね、私が西荻窪にいるときに、神奈川のほうから買いにきたお客さんが、ウチのショーケースかなんかこわしちゃってね、警察にあげられたことがあるんですよ。ところが、警察のほうじゃあねえ、こういうようなことってわからないですよ。だからね、刑事がすごくいじめちゃってんですよね。「オメエ、神奈川から西荻まで買いにくるはずねえじゃねえか。この辺に通り魔がでてしようがねえと思ってたら、オメエだろう」……普通からいやァね、そうですよね。

小沢　千里の道を遠しとせずくるわけですな。

山内　くるわけなんですよ。ウチのお客さんじゃあねえ、九州、北海道のあたりからきますよ。東京の本社に出張してくるサラリーマンとか、沖縄や台湾からもきますね。だから、私らは不思議でもなんでもないけど、警察はそうじゃないんですね。そういう意味では、欲求不満にブレーキをかけるという意味で使われるというのは望ましいんですよね。

小沢　こまかいことですよ、こんなパンツぐらい、ね。若い人なんかの場合、欲求不満がねじれていく場合もありうる。といって、みんなにパンティはかせるってわけにはいかないけれど（笑）。

　類似業者が名簿ほしがるなんてことはないですか。

山内　そりゃもうありますけどもね、絶対わたさないです。

小沢　通信販売の名簿なんか大変な値打ちなんだそうですね。

山内　そうそう。ほしがってきますよ。だけどね、私らのところは、たとえ一名いくら、三十円だ五十円だといってもね、そんなものウチではタカがしれてるよっていうんですよ。だけど、名簿はクルクルまわしていってね、お客のほうは突然カタログ送ってこられてビックリするなんてことがありましてねえ。だけど、ウチからはねえ、絶対にね、もらしませんよ。私のところはお得意さんは大事にしますよ。信用問題ですからね。注意しますよ。品物が気にくわないって持ってくれば、翌日ぐらいならスッとかえちゃいますしね。なかにはねえ、使っちゃってクルクルクルクルまわしちゃって一週間ぐらいしてから持ってくるのがいるんですよね。困りますよね。どうにもならないんだから。

小沢　使用ずみだから。

山内　そうなると、かんべんしてくれと……。

小沢　紙パンティというのはあまり伸びなかったですか。

山内　あれはあまり伸びなかったですね。日本人はミミッチィんですよ。外国だと紙の皿とかなんとかって、食器類でも一回で使い捨てってのをやるんですけどねえ。日本人は何度でも使いたいんですねえ。よほど、タダに近いような状態にでもならないと……。

小沢　あれ、どの程度の紙なんですか。あれは伸びると思ったんですけどねえ。あと拭くにもいいでしょう。

山内　センイですよ。……センイというか、布のセンイと同じものをフェルト状にしたものですね。普通のセンイは、一応細い糸にしておいて、それを編んだヤツなんですよね、生地というのは。それをただたんにフェルト状に、ちょうど紙をスクみたいにやったものなんですがね。

小沢　ふーん。

山内　水洗でも流せますよ。この前、今東光さんが外国へ行ったときの話をテレビでしてましたけど、あの紙パンティ、ガサガサしちゃって気分悪いなんていってましたねえ。

小沢　最初ちょっと霧吹いたらどうですかねえ（笑）。

山内　そしたら穴あいちゃうでしょう。だから、これが流行ったころ、これを女のコにはかせてデートし、気分ださせるとアソコが濡れてきて破れるなんて、おもしろおかしく書いてある週刊誌の記事、読んだことがありますよ。……このデザイン、女じゃダメですね。

小沢　ほう、やっぱりね。

山内　男の眼でみなけりゃダメですよ。男がほしがってるんですからね。男がどんなものをほしがるかは男でなきゃわからないですよ。ですから女がデザインしますとね、ちょうど宝塚の踊り子かなんか着ているような、そんなものにしちゃうんですね。

小沢　ロマンチックにしちゃう。なるほどね、その気持はわかるな。じゃ逆に男性用パンティは女性にデザインしてもらったら、きっと……。

山内　まあ、そりゃあ一から十まで男がデザインしたものがあたるとはいいきれませんけどね。

小沢　型なんかもう新型を工夫することはできませんかねえ。

山内　あんまりできないですね。限度があるわけですよ。だって、はかせるものそのも

いるし。

毎月なんかださなきゃならないし、ね。ウチあたり、ね。……それを期待してるお客はのの型はきまってるわけですからねえ。だから、考えるほうはえらい苦労しますよ、ね。

小沢　あのね、パンティにポケットをつけるなんてのはどうですか。

山内　それはたまにありますよ。

小沢　ベッド必需品を入れたり。あれ、なんていうか、枕もとになくて立ってとったり、タンスをあけたりしてると、ダメになっちゃったりするときがあるじゃない。だから、ポケットをつけておけばね（笑）。すぐできるんじゃないかと思うんだけど。

山内　それと関連してるかもわかりませんけど、男の場合ですね、そのう、夫婦生活でもってそのう……ぬげば、われわれからみれば、完全にぬいじゃえばいいんですがね。……ぬがないでもって、その、使いたいというわけですね。その理由はですね、肌が汚れるのはイヤだ……。

小沢　なるほどっ。

山内　だから、はいといて用がすませる……。

小沢　ハハハハハ。

写真のどこが面白い――
細江英公さんと

小沢　僕は、戦前はつまり、写真館の坊っちゃんですね。一人息子ですから、店なんかへ出ていきますとしかられるんですよ。子供は店なんかに出てくるんじゃない。ですから、写真はなんにも知らないんです。ただ、昔、昭和十五、六年ごろベビー・クローバーという、一番安いカメラ、それをおやじがくれたんですよ。それを持って、ませてましたから、運動会の時に自分の好きな女の子を、それのパンツひとつになった恰好が写したくてね（笑）。運動会でそれを写して、そして写した女の子の兄貴に殴られて、カメラ飛ばされたりなんかしてね。生意気だというんですよ。

以後は大学時代もカメラはぜんぜんやらずでした。それが、ここ十年ぐらいですかね、キャノン・ポピュレールというのが出たころですが、旅に行ったりなんかした時に記録のために撮るようになったんですね。いまでも、広い意味で記録以外はあんまり興味ないんですけれどもね。去年、一昨年あたりは、大道芸を集める仕事というのをやったもんですから、それに付属して写真をただ撮っていたということですね。

その合間に、自分の興味の向いたのがいろいろあったのを、『話の特集』という雑誌に、写真が主じゃなくて、文章が主なんですけれども、そんなものを出したりなんかしているうちに、そこの編集長が、グラビア八頁をやってみろ、と言うんで、この編集長はバカじゃないかと思ったけれども（笑）、けれども、こっちはなおバカだからやってみようじゃないかとやっぱり思って、やりはじめた。僕みたいなド素人を採用したのは、それはド素人であるからこそ、使ってみようということなんでしょう。玄人はいっぱいいるんだから。よし、それじゃド素人に徹しよう。そう思ってやらせてもらいました。だから、そのことを、忘れないために、ケースをつけて撮る。農協スタイルっていうんですか、台湾旅行とおなじに必ずカメラは速写ケースに入れて持ってあるく。カッコ悪いですが、これが前提なんです。ブラックをむき出しにしてわざとジャケンに扱ったり、なめし革で包んだり、そういう玄人風に気分を出したくなるのはわかるけれども、ぼくはやっぱり素人っていうことを大事にした方がどうもよさそうだ、その象徴としてケースをいつもつけよう。すばらしい本職は山のようにいるんですよネ。すこし写真を撮りはじめると写真ってすごく難かしいことが分かるわけ。写真家ってみんな一人一人やっていて、それでもうやりつくしちゃってるところがある。その中で新しさとかを摑んでいくのは大変だとおもう。こんな大ぜいいるけれどもこんなきびしい道もない。そんな仲間に入って戦っても戦えるわけがない。命をかけてみんなやっているんだから。以上が写真歴及び感想のすべてでありまして、それ以外になんにもないし、それ以上にもうお話しする材料はないわけです。

上でね。

細江　小沢さん、話す材料がないと言うんだけれども、『話の特集』のこの一月号は、材料としては僕はたいへん豊富だと思うんですよ。写真を見て、これはうまいと思ったんですよ。それは「記念写真」と題名はあるけれども、まったく、記念写真そのものの以上でね。

小沢　いやいや、オ恥ずかしい。

細江　一番興味があったのは、やっぱり、スカートの下の、パンティーの部分で、ああいうふうにはなかなかわれわれ写せないんでね（笑）、フラッシュが下からいくみたいなことは。でも僕は、あのねらいというのは、自分でもやってるし、わかったしね。新宿二丁目のヌードスタジオの、あの場所は僕も写真に撮ってるわけですよ。

小沢　そうそう、あそこに行きましたら、前にこういうことやった、と言うんですよ。そうかい、それは中で裸の写真をかいと言ったら、ウンウンそうじゃない、裸でないのをちゃんと撮る人が来たと言うんです。それは細江さんとかいう人だというんで、ハハァもうちゃんとそういう方は……。

細江　いやいや、僕はそれは前には撮ってますけれどもね。でも、あの写真は、小沢さんのというよりも、写真として、僕は非常に感動というか、感銘受けましたね。これはけっしてお世辞じゃないんですよ。

小沢　僕には偶然以外なんにもないんです。だから、シャッターの絞りとかなんとかかいうのも、ウソでもなんでもなく、ほんとうによくわからない。

細江　カメラは何ですか？

小沢　コニカ35というオートのカメラを一台。それからキャノン・ポピュレールという、昔むかし出たやつ。それともう一つ、これは宣伝文を書いたらくれたカメラがあるんですよ。リコーですね、バシャッと音のするやつ。これは一眼レフでね、簡単なやつ。この三台しかないわけです。

肖像ドキュメント

細江　僕は、いま「記念写真」ということを、しきりに大まじめで考えているんですよ。

小沢　あんな面白いもんないですね。

細江　きょうも、この五、六年ぐらいの、いろんなスナップ写真をまとめておかなければならないというので、うちのスタジオでまとめはじめたわけです。

小沢　それは細江さんがお写しになったもの？

細江　僕が写されたもの。その中に一枚とて、小沢写真館で昔撮ったであろうような写真がないわけなんですよ、たとえばパーティに行ったとか記念会で何かやったというような場合でも、数人の者がスナップされているみたいなものでね、全貌を写したものはないわけですよ。それでいろいろ考えてみたら、まったく最近はそういうものがなくなっちゃってるでしょう。たしかにスナップされて写されている写真は写っているという感じは強いけれども、存在している感じはないんですね。

小沢　なるほど。

細江　だから最近は、たとえば町でも、あるいはだれかでも、知らないところをパッと撮るというんじゃなくて、大声あげてみんなこっち向いてもらって、それで撮る。大声発するとこっち見るでしょう、その瞬間ね。そういうふうに人間が意識してカメラを見るということが、いままではそれが非常に不自然だとか、わざとらしいとか演出くさいとか言うけれども、むしろその不自然であり、わざとらしいことのほうが、人間がよく写るんじゃないかというふうに思うわけで……。

小沢　それは、僕もそのことに関してはちょっと考えたことがあるんですけれどもね。役者だから余計そういうカメラの中にいかに自分が――僕は写すことははじめたばっかりの小沢写真館再開の店主ですけれども、写され方については、やや商売人と言えるかもしれないんです。ですから、記念写真というので考えてみると、自然にしてるのを自然に写すということで、はたしてその人間の真実というか正体がときほぐれるかというと、ぜんぜんその人が出ないわけじゃないけれども、つまりだいじなものが自然の中ではかえって出ていないのではないか。それでたとえば記念写真というカセをかけると、写される人がすますわけですね、気取るわけですね。

細江　緊張してますからね。
小沢　カッコよく撮られようと、その思い方に彼らの性根が、それぞれの正体が出てくるというようなのが、僕は面白いなと思ったんですよ。
細江　そうですね。だから昔の写真を見るでしょう。そうすると何人かが、あらぬ方向を向いたりしているというような写真がたまにありますよ。記念写真の中でそういう人が何人かいることによって、その人たちのことがよくわかるんですね。だから最近、自然じゃなくてごく不自然な、肖像ドキュメントというのを僕は撮ろうと思っているんです。

スットコドッコイの武士

小沢　明治のころの写真でも、やたらみんな威張って撮るのがおかしいですね。写真というのは威張って撮るものだというので、必ず軍刀をぐっと突くとか、ハカマはいて腰に手を当ててるとか、ああいうのがおかしいですね。
細江　おかしいですね。「武士とその従者」という写真があるんですよ。僕らの日本写真家協会で編纂した『日本写真史』という本があるんです。その中に出てくる写真で、武士はものすごく威張ってるわけです。従者は体もちっちゃいが、しょぼっとしてるんですね。おそらく命令されたわけではないでしょうけれども、記念写真は決定的なものでしょう。あれはおそらく、今のようにチョロッとふつうにスナップしたら、ひょっとしておさむらいがかがんで、後ろにいた従者が威張っているように写るかもしれない。だけどそれがほんとうかどうかはわかりませんしね。

小沢　そりゃあ、従者のほうですよ（笑）。これは余談みたいになっちゃうけれども。映画で、こういう幕末写真集みたいなふうな感じの時代劇を撮ろうと、どんなに努力しても撮れないんですね。不思議なんですよ。というのは、カツラと衣装というのが、みんなリアルじゃないんですね、どうやっても。作ったものを埃っぽくするとか、その程度じゃだめなんです。その程度じゃこういうふうな幕末写真集の感じにならんわけですよ。

細江　そういう意味では写真の発明というのは、芝居をやりにくくしているわけだな（笑）。写真が発明される以前のものだったら、つまりイメージでよかったけれども、写真が出てきちゃうとそれができないわけですね。

小沢　そうなんですね。とにかく外国に行く日本の武士の使節とかいうやつの写真でも、みんなスットコドッコイみたいな顔して（笑）、体つきもなんか貧相でね。この写真集見たって、武士だとか兵士だとか書いてあるんですけれども、みんなスットコドッコイになっているんですよね。

細江　ウン、こういう感じにならないんですね。

指の彼方を見てニッコリ

小沢　たとえば、細江さんの三島由紀夫さんを撮った写真集（『薔薇刑』）にしても、スナップで重ねていくというのではなくて、やらせてるということがやっぱり一種の記念写真だと思うのです。カセをかけているということが。つまり縄でしばりなさいと言ってしばれれば、当然いやだなとか、あるいは、しばるというのはいい気持だなとか、三島さんはどっち思ったか、またそれ以外のことなども思ったでしょうけれども、そういう何かやらせることによって、彼がそれに適応するなり反発するなり、その他もろもろ出てくるというところが面白かったですね。三島さんの二十四時間を克明にスナップするというのでは一部分しか出ないがああいうふうにやらせることによって、もっともっといっぱい出てきたというような感じがしますですね。そのほかの写真も全部含めて、対象があって写真家がそれに挑んで写すということだけじゃなくて、対象からもうつぽつとして出てくることを写真家が仕掛けて、そしてやらせて撮るというようなそういうことが全体的に細江さんの写真にはみなぎっているような気がしました。

細江　いやいや、たいへん、いま僕聞いていて、まったくそのとおりなんです。たとえば具体的に言えば三島由紀夫は、カメラを凝視する時間の長さを誇る男ですしね。それが好きだから。だから三分間凝視すれば凝視することもできる。僕はその凝視の緊張の一番高まった部分を撮るために、三分間待つわけですよ。三分間待つんだけれども、その間ぜんぜん撮らないというんではなくて、やっぱり撮るわけなんですね。撮ると安心するわけなんですよ。そのうちに凝視が、ぐうっと高まって、すうっと、潮が引くようなことがよくわかるわけです。それで僕はそういうリズミカルに撮っていって、一番凝視した瞬間というのを、あとでもう一度発見するわけですけれども、いまから考えればやっぱり、全部記念写真じゃないか。そういう意味での、記念写真のドキュメンタリーというふうに思っているんですけれどもね。そういう瞬間の連続が、さっき一番最初に言われたような意味での、ほんとうのというか、リアリティーが出てくるんじゃないか。だって写真は、それで全部語るなんていうのはおこがましいんで、写真なんてそんなに語れないんですよ、もうあまりにも非力で、無力でね。

小沢　いや、ちょっとおこがましいこと言わしていただきますと、僕なんかも、いつもずいぶん写されますけれども、写しやすいようにと思われるいくつかのパターンがあるわけです、写され屋は。一番簡単なのは指さして指の彼方を見る、そしてちょっと表情を変えてニコッと笑うとバシャッと音がして、オーケーなんですよ（笑）。どうやればバシャッと音がくるかというのは、数やられているからだいたい心得ているわけですよ。それで最初、指から出発するわけですよ。指でも、これはどうもこの人きらいらしいなとなると、じゃあれかということで次やるわけなんです。いろいろやるわけですがこっちもそうはないわけですよ、ご要望にこたえられるであろうというパターンは。それがタネ切れになっても、まだ不満な顔をして写真を写す方が来た時には、いやこれは来たなと、はじめてそこで思いますね。それでもまだ気に入らないで、撮り足りなくてウロウロしている人は、出来上がった写真はやっぱり、ヘエーこんなおれの顔撮りやがったとか、おれもこんな時があるんだなとか、つまり自分で自分を発見できるような写真を撮ってくれますね。

細江　とくに女優さんなんかはそうですよね。でももう少し、その女優さんが三年ぐらいしたら喜んでもらえるかなという気持になった時に、そういったいくつかのパターンを越えて、やっぱりじっくりねらって撮りますね。

のしイカみたいな恰好

細江　このあいだ小沢さんが『図書新聞』にお書きになった写真集（東松照明『戦後派』）の書評がありましたでしょう。あれたいへん興味もって見たんですけれどもね。でもあれ突きつめていくと、「お芝居」というのはなくなっちまうんじゃないかというふうに思ったんですけれども。

小沢　ですからつまり、僕らは扮し屋で、虚構が商売なわけですよね。虚構の中で、虚構と見せずに、やっぱり虚構で勝負していく。ナマナマしいものを、ナマナマしいとお客さんに思わせながら、じゅうぶん計算して、もう作りも作ったものであるというふうにけっきょくやっていかなければならない。ウソ屋がどれだけ実に挑むか、というのの道標というか、頼りになるヒントみたいなものが、あの写真集見てた時に感じたものですからね。

細江　あ、そうですか、そういう意味ですか。それ聞いて僕は安心したんです。そうでなければ、行き着くところはなくなっちゃうわけでね。もちろんそれはリアリズムというか、ごく自然な描写というか、中のものでそれに近づけようというものもあるでしょうけれども、やっぱり芝居は芝居として自立したもので、もっとほんもの以上のものがわれわれの心を打つわけですね。でもこういうふうな書評読んだのははじめてなんですよ。たいへんリアリスティックで、非常に僕はナマで感じておられると思いまして、これはただならぬ男だわいと感じてフッと身構えたわけなんですよ（笑）。僕なんかは写真の中にいて、写真のことしか知らない写真バカみたいなもんで……。

小沢　ただ東松さんのでいうと、一番面白いのは、金屛風の前で、課長だか係長だかが、鳥が翼を広げたような、両手をヒュッという、なんか不思議な恰好しているのが一つありますね。ああいうことは、役者が課長というものを表現する時には、あれはやっぱり意識的に表現しなければならないと思ったわけです。ところが実際の課長はああいう恰好しているわけですね。歩きながら、なんか祝賀会の祝電みたいなものを持って、それでヒヨヒヨと（のしイカみたいな恰好をして）飛回っているという小官吏のあの瞬間というのは、僕らが意識的に官吏を表現する時にやらなければいけないと思うんですね。ところが官吏という表現になると、もう逆に深々とイスにすわっているとか、ないしはしかつめらしくしているとかというような類型的な表現にどうしてもなっていく。ですから僕らは、焦点さえぴしっと合えば、相当とぼけたというか、自由などびはなれた表現をいくらやっても、ピントさえ合っておればいいんじゃないかな、ということをあれ見ながら感じたわけです。

女は女郎、男は兵隊

細江　なるほどね、いまの話すごく面白いな。それはそうですよね、この写真の場合だって、この人のこの瞬間のまったく限られたものであって、これから地方官吏の課長の全部をあらわしたというふうには言ってないわけですからね。ただしかし、あの写真はそういう意味ではわれわれに非常に象徴的なものを見せてくれている。やっぱり芝居というのは象徴なんですよね。

小沢　そうですね。けっきょくは。

細江　ピントの合った象徴ということですか。

小沢　そういうことのような気がするんですけれどもね。それがつかめればいいんですけれども、なかなかやっぱり……。

細江　でも小沢さんさっき、従者の写真見てこれがおれの役だと……。

小沢　つまりだれかが、いつかどこかでやった表現ということになるんですね。ところが実在の中には、もう無限通りの表現が存在しているにもかかわらず、僕らが商売で表現をやるとそういうふうに、だれかがいつかどっかでやった表現におちいってしまうというのは口惜しいですね。独自な表現というのはなかなかできない。だけども独自な表現というのはいくらでも、実人生の中には転がっているということをほんとうに考えるんですけれどもね。

細江　小沢さんね、こんな話を僕聞いたんだけれども、日本人の女は娼婦をやらせるとだれでもうまいし、男は兵隊をやらせるとうまいというんですが、いまでもほんとうですか。

小沢　どうもそうですね。

細江　というとみんなどっかで見ているんですね。

小沢　いや、見てない女がやってあれうまいのはどういうわけでしょうね（笑）。最近の女でも、ハイ女郎だ、ということで並ばしてやらしたらみんな女郎になりますね。男だっていまの若者でも、オイ兵隊だ、と言って並ばせるとものの見事に兵隊になっちゃ

う。

細江　そうですか。それは男が兵隊になるというのもやっぱり相当な演技だろうけれども、女が女郎になるというのは演技しなくてもなれるのかな……（笑）。

小沢　どういうわけですかね。だからそれほど女郎というものは多彩に、いろんな人間を包含してたんですかね。逆に言えば。

細江　なるほどね。

家庭写真とストリップ

細江　小沢さんはあれですか、アルバム用のご家庭の写真はまったくお撮りになりませんか。

小沢　わりと撮りますけれどもね。それは、フィルムが余って、三十枚までいったんであと残りの六枚だけ撮るとかいうようなことなんで、カミさんはご機嫌悪くて、いつも私はカスだけだ、と言って怒るんですけれどもね。そう、家庭はだいたいそういうふうにして、フィルムを巻く、ということですね。ですから、たとえばストリップをずうっと三十枚撮ってくると、あとの残りに娘かなんかあったりして、一本のフィルムにいっしょに並ぶわけなんですね（笑）。

細江　それはまた面白いな（笑）。コンタクト全部を並べて、写真家小沢さんの「日録」

にしてもいい。それはそうと、そういうような意味での、ごくファミリアな関係での記念写真の傑作といわれている作品がここにあるんですよ。J・H・ラルティーグ『世紀の日記』。フランス人ですけれどもね。子供の時からカメラをいじりまして、自分のおやじとかおふくろとか、お姉さんとか従兄弟とか、そういうのをただひたすら撮ってきたわけですね。その家族の記念写真のようなものが、即その人の人生であり、そしてまたフランスのよき時代の、よき生活をしていた人たちのある種の生活の「記録」という意味で、たいへんこれは面白い写真集だと思っているんですけれどもね。

小沢　（写真集見ながら）なるほどね。面白いな。奥さんがトイレにはいってるのを撮ったんですね。相当偉い人ですね、この人は。ウーン、こういうふうにして撮りたいな。

細江　でもさっきの「武士とその従者」の写真見て、従者になりたいと言われたり、ストリップばっかり撮ってると、ハイソサエティーのこういう写真は撮れないし、もちろん僕も撮れないですけれどもね（笑）。

小沢　いまこれ見てて思い出したんですけれども、僕はいまテレビで、『趣味の三十分』というのをやってるものですから、それで「写真」というのが二回か三回ありまして、岡本太郎さんや安岡章太郎さんや扇谷正造さんもいらっしゃいましたね。「動物園」という題で自由になんでも撮っていいという、その結果をテレビで放映して競い合うというプランなんですね。それで僕は、サルのおりの後ろというか、前に腰をおろしまして、ただ人がサルを見ては流れていくやつを撮ってたんですけれどもね。それは僕の感じでいうと、舞台にその他大ぜいが絶えず通ってくる、多幕物の幕開きの人がワーッと通るような感じが、カメラをのぞいていたらしましてね。つまり、雑の部の人がいろいろ次々に通っていくというのは、三時間見てても飽きなかったですね。あれは前から見てたら三時間は飽きちゃう、後ろですと、かえってその人の考え方とか、なんか暮しのクセとか、人間関係とか、とくに男女でくると、これはもうできてるだろうとか、できてないカップルだとかいうのは、後ろ姿だけしか僕はレンズ通して見てないですけれども、だいたいわかる。ほんとうははずれているのかもしれないんだけれども……。

細江　それはそうですね。つまり、なにかを写真で撮ろうとしたりというのは何かなんてまったくナンセンスというよりもある意味で、たいへんうつろうもので、例えばここから銀座まで歩いていって、あそこをしばらくうろついて帰ってくるほうがずっと面白いので、それはテレビより面白いかもしれないですよね。それは自分で見つけた芝居だから、芝居というか、要するにリアリティーなんだから。

好きじゃない原点がえり

小沢　毎日僕は、だいたい同じところを通って家から出て行くけれども、同じコースだったりしても、ものすごく僕は、面白くて面白くてしようがないですね。だから子供が電車に乗ると、座席にクツ脱いで坐って、窓から外を見ますよね、あれがまだ僕は抜けてないですよね。面白いもんですね、あれはやっぱり写真の面白さでしょうかね。

細江　いやあ写真じゃなくて、やっぱり物の面白さでしょうね。だけど、たとえばベトナムで戦争が起きたみたいなことはそこにはないわけだから、それと同じ状態で携帯用テレビ持っていけば、そこでボンボンやってる場面が見えるでしょう、テレビというのは。同じリアリティーとして見る。だから、それが同じ価値で、自分にとってはテレビの中のリアリティーが自分のリアリティーだと言って、テレビの画面だけ撮る人もいるわけですよね。毎日の現実とその相違がなくなっちゃって、どっちがほんとうでどっちがウソだかわからないんですよね。写真もそれと同じように、写真的現実と、それからいま小沢さんが言われたような、実際の中で見る現実とかまったく同じような価値でわれわれの中にはいってきちゃって、それがはんらんしちゃって、まったく何が何だかわからない。というところからまた写真がはじまり、テレビもそうだし、演ずることもそうでしょうけれども、はじまるんじゃないかな、というように僕は思うんですよ。

小沢　そうですね。でもそれだけ窓の景色が毎日同じでも、見る人によって面白いところは全部ちがうだろうし、面白い瞬間もまたちがうでしょうしね。そのへんは写真の勝負なんでしょうけれども。

細江　原点にかえるというのは、またそういうことじゃないんだろうかな。でもしかし、みんな原点にかえったら困るんでね（笑）。

小沢　あんまりいま原点がえりばかりでしょう、僕はあんまり好きじゃないんですよ。そんなむだなことをすることもないと思うわけなんですよね。だから何のために原点にかえるかということが要は問題で、ただ原点に戻ればいいというもんでもないような気がしますね。

細江　いろんなものが混乱していると思うわけです。その混乱の中でのある秩序というものを回復するための一つの作業であって、まったく個々のものだと僕は思うわけです。ですから、小沢さんがいろいろいまおやりになっていることと、それから僕らが、記念写真みたいな、たまたま今日出たんだけれども、そういうことと同じことでして、これはみんなが記念写真撮りはじめたら困るんでね。だから、それぞれの形での原点をやっぱりもたなければ話し合いの場所というより広場がなくなる。

小沢　なるほどなるほど。どうもこればっかりは個人差のあることだから、ほんとうに困っちゃうんですね。

鑑賞に堪える肉体

小沢　ただ、カメラ雑誌なんか見てると、恰好いいですね、どの面も。そうじゃなくて、サマにならない面白さというのをねらってる写真というのは、あんまりないような気がするんですけれども。

細江　サマってなんだろう。

小沢　つまり、今村昌平の映画なんかですと、たとえば悪いやつが出てきても、悪いんだからいいんだか、最後までわかんない、というふうにいくわけですね。あの人の主人公は最後までしまらないで、見かけはきたないけれども中はきれいなんだ、と思うけれども、最後まで中もなんかきたなくて終るというような、つまりそういうサマにならないこというのは、世の中にいっぱい充満してると思うんですよ。ところが、写真にするとか、映画にするとか、舞台にするとかいうと、それがなんとなくつじつまが合ってしまう。こうなんだも、ああなんだもなくて、ただずうっとだらだらにこうだというような、そういう映画とか、そういう芝居とかいうのを、僕はやってみたいという欲求が非常にある。

細江　このケン小原の「３６５」（「カメラ毎日」昭和四十七年一月号）の写真なんていうのは、まさにそういうものじゃないかな。上が、ケン小原がその日見たもの、感じたものを撮っているわけです、客観的なものを。下は自分の肖像なんですよ。全部続くんですよ。ずうっと。

小沢　これは相当だらだらですね（笑）。これはつまり芸術というものの限度というものはあると思うんだけれども、でも順々にちがったもので変えようという意識があるんですよね、この人には。もっとだだらになると、どの画もどの画も、全部同じじゃないかというような、そういうものもあっていいような……。

細江　それは小沢さん、こういう芝居を僕は見たことがあるんです。芝居と言っていいのか、ハプニングと言っていいのか。ニューヨークで、あるところに入ったわけですよ。そしたらそこに、夫婦と子供が舞台にいるわけです。そこが部屋なんですよ。生活してるんですよ、朝から晩まで。観客は金を払って入るんですが、ここから向こうは、舞台というういちおうの垣根はありますけれども、実はなんにもない。僕が見た時には、別にセックスはやってなかったけれどもね。なにかとにかくだらだらやってるわけですよ。そして時々チラッとこっちを見るんですね。これは面白いと思いましたね。それがだだらの相当極端なものじゃないですかね。

小沢　なるほどね、面白いですね。テレビで、なんとかいう画家の、ただ画を描いてるやつを、ただ写してるというのがあったんですが、素晴しかったですね。つまり、ふつうだと画家の一日とかいうドキュメントにするわけでしょう。そうじゃなくて、ただ十五分、描いているところを写してるだけなんですよ。それは、その画家の人間が素晴しいから、十五分ただ写してても見飽きないんですよ。だから僕らは俳優だから、自分はそういうことに堪えられるか、というふうに思うわけです。ただ舞台に出てて、なんにもしないでただイスに坐ってて、十五分なら十五分もつかというと、これ絶対もたないんですよ。つまり、役者も存在感が充実してあれば、なんにもやらなくても、じゅうぶんにお客さんの鑑賞に堪える肉体と内容であるならば、台詞言ってみたり、動かしてみたりしなくてもいいということですね。

細江　つまり商売人は、ハプニングはできないわけですね。

小沢　お客さんが、何かやることを期待してきてるから余計たいへんなんですけれどもね。

細江　非常に感動したハプニングが一つあるんですよ。三十人ぐらい人間を集めたわけですよ。みんな坐ってるんです。すうっと人が横から出てきたんです。（立ちあがって演技しながら）それでじーっと立って、一人一人顔を全部見るんですね。最後にはこわくなって、目をちょっとそらすようになりますよね。そしたら突然大声出して、ワーワーワーッと叫んで（やおら小沢氏の胸ぐらをつかまえて回る）、それからもういっぺん、だまあって、じっと見るんだ、みんな下向いたですよ。そしたら、ロープ持っていて、ダーッと走って全部しばったね（しばるマネをして）。ぜんぜん約束もなんにもないんですよ。ものすごくこわかった。全部しばられたんだ。それで終って、すうっと出て行った（着席）。あんな驚いたのはないな。

小沢　へんな人だな。いるんですね、そういう人が。ヘエー、へんな人だな。

細江　なんだか写真の話じゃなくなっちゃったようですね。

ドキュメント隅田河畔

特殊パンティ製造販売『ニュー・ポート社』のショーウインドウ

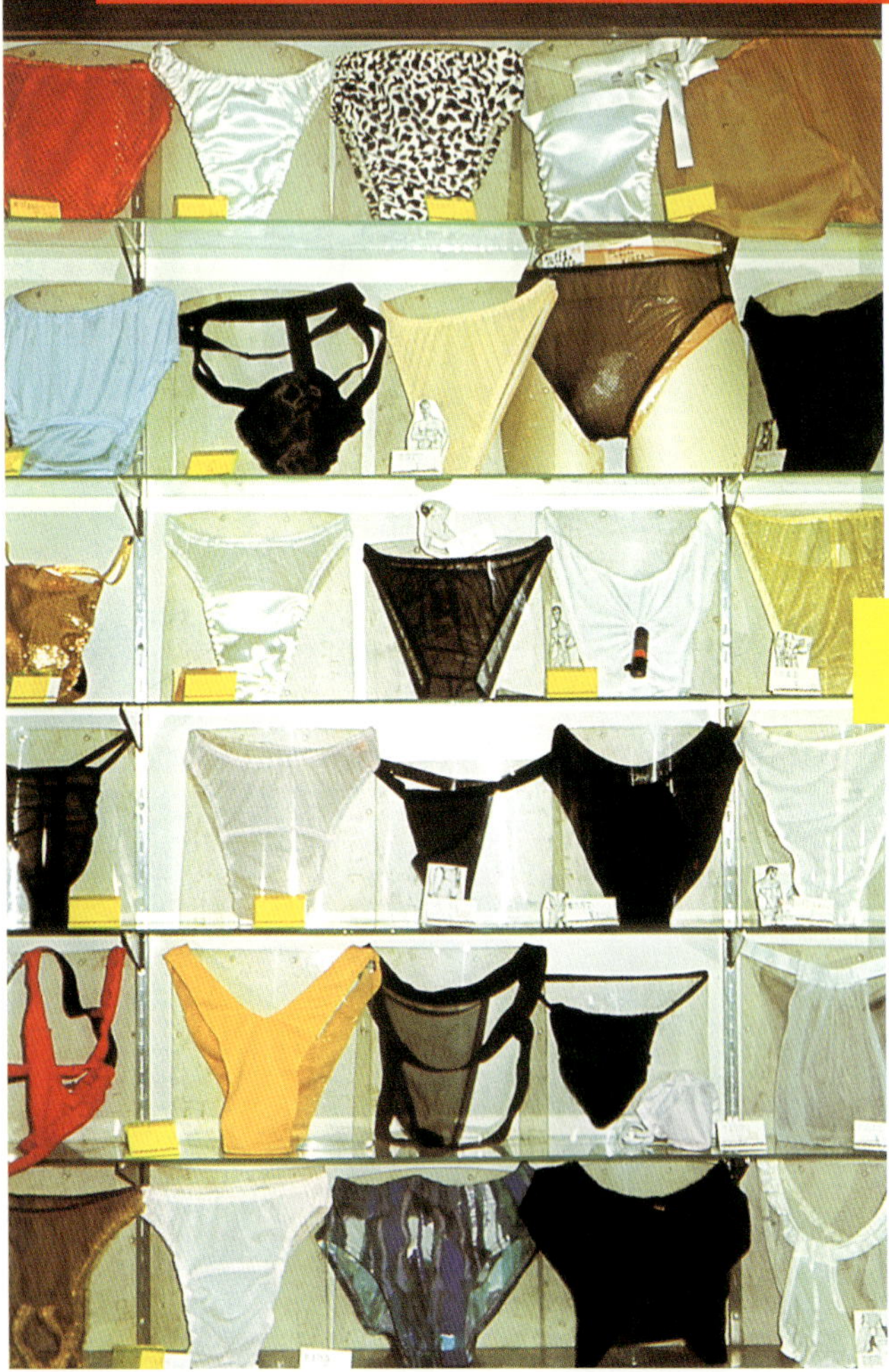

紳士用

婦人用

門付け

どこから来てどこへ行くやら、浅草を流す門付けの夫婦……。

と思いきや、オクサンは大女装の大老人であった。とすると太鼓は……。

浅草観音堂裏

集まり散じて、人は変われど（小沢写真館、望遠レンズを購入しました）。

あ〜女学生

〽お嬢さん、学校帰りの寄り道で、お宮の隅で何もめる、チラッと見えたぞ男の手、オヤ、マックロケノケ。

稲荷大明神
石田圭一

一番好きなセーラー服と、一番嫌いなセーラー服。

歩道橋暮色

精力テスト・リトマス試験写真――感じない？　お若い！

あとがき

いやはや、私の写真集のごときものが、どうにか、出版されました。世の中まちがっとるよなァ。いや、ありがとうございます。

なんども申しあげましたとおり、私は写真館の小セガレなのに、写真のことは本当にほとんど何も知りません。撮り方も、現像焼付けもです。ただ、子供の時から電車の窓の外を見るのが大好き、いまでも、左右をじろじろ見ながら歩き廻るのが何より大好き、そういう、たんなる好奇好色の徒であります。写真は、そのじろじろのメモがわり。ただそれだけの写真を、毎号のせて下さる『話の特集』に感謝、つきあってくれる読者に感謝。

さすれば、今後も一層一所懸命に、写真のことは勉強せずに、ひたすら、じろじろにのみ専心しなくてはなりますまい。

ときどき、私ごときトーシローが、キラ星の如くいます写真家各位の、限られた発表の場を占拠していることに対して、何とも相すまぬという気持を抱くことがあるのですが、ふと考えたら、私の職場である俳優の発表の場もいまはトーシローに荒らされているので、それじゃ、その意趣返しのつもりでやってやろうと、ささやかにノサバルことにしているのです。ごめん下さい。

俳優のほうのトーシローは、まあ大体、いずれアマチュアの域を脱して、フツウの俳優にみんな成長？　してゆくのですが、さて、私の方の写真のトーシローは……やはりまもなく、なみの……いや、そうならない様に勉強しまいと思うのですが……。むつかしいものです。私のたよりの好奇好色も、いつまでも〝好〟でいられるように保つのは実はホネなんです。いちど〝奇〟、いっぺん〝色〟を感じれば、もう次にはそうでない。〝奇〟や〝色〟には限りがある。ハカナイ！

だから、センモンカは、うわっつらの〝奇〟を追わずに、深いところで〝奇〟をつかむ。で、こうなると撮る人の腕もさることながら、魂の問題になってくる。魂次第で、ありきたりの、べつに〝奇〟でないものでも、〝奇〟なる魂で対象をとり込める様になる。これはもう命をかける仕事ということになるわけでしょうね。

そうなったら、これは大変だ。魂は大変だ。トーシローには無理だ。

私は、魂でなくゆこう。うわっつらでゆこう。行きづまったらよそう。命をかけるのはコワイから。命あってのものだねだ。……と思い定めたわけなんですが……。

命あってのものだね写真集、どうぞ御贔屓《ひいき》に！

この本が出来あがるについて、池田寿夫さん、矢野誠一さん、週刊文春さん、内外タイムスさんの御協力がありました。心から御礼申しあげます。

また、『話の特集』の矢崎泰久さんはじめ、井上保さん、野田英夫さん。特に井上さんは、写真の撮影の手助けから、この本の編集までやってくれました。本当にありがとうございます。

もちろん、この本に登場したみなさまへの御礼は申すまでもありません。大感謝であります。重ねてありがとうございますと申しあげまして、ひたすら低頭再拝を続けておりますのは、ハイ、小沢写真館・館主・昭一メにてございます。

昭和四十九年陽春

文庫版　あとがき

いま、博多に来ております。

博多は、先代の小沢昭一がよく遊んだ所で、二代目小沢昭一は懐しいのです。この本の「川丈　愛欲レスビアン　ベッド大会」の看板が並ぶ写真は、博多の中洲の街角でした。

二代目も、あと二年で八十歳。もう写真は、写真機が重くもありますし、カバンの中を少しでも軽くしたいので持ち歩きませんので、写しません。近頃はケイタイでも写真はとれるようですが、ケイタイはおろか、ITとは無縁の暮しですし、だいいち、当節の、バシャッと音のしないカメラ、イヤですねえ。

初代の小沢は、いつも重いカメラを、附属の器材ともども持ち歩いて、肩を痛めることと再三でして、もう重いものは、二代目としてはお断りです。

ハイ、「絶倫」だった頃の小沢は初代。衰えた小沢を二代目と言っております。

初代が「珍奇」を求めてベンキョウした、この本の数々のジャンルに、もう二代目はすっかり関心が薄れました。はやい話、いま、街を闊歩する裸同然のオネエ様の姿を見ても、オヤでもなければへェでもない。人間、こんなに変る……いや衰えるとは、初代の頃、思ってもみませんでした。

でも、初代が「珍奇絶倫」だった頃は懐しいですし、初代の仕事は、二代目小沢にとっての青春です。三十年以上も前の初代は、まぁよく、マジメに探求したものだと、二代目は、いとおしくこの文庫本を抱きしめております。

さきほど、二代目の小沢は、初代の足跡を辿って、博多のソープ街を廻ってみました。昔のまんまでして、初代をしのびました。

「ちょっとォ、もう、帰るの？　終ったの？」

なんて声を背にうけながら、

「フン、もう、オワリもハジメもないんだよ」

と、二代目は、ひとりほくそ笑んで、中洲の風の中を通り過ぎていきました。

長く生きてりゃ、人間、変るんですよ。変るからオモシロイのですね。

平成十八年七月・九州を舞台巡演中の福岡の宿にて

二代目小沢昭一

解説

立木義浩

レッドライン・ユニバーシティーを優秀な成績で卒業された小沢さんと違って、売春防止法が公布された一九五六年の春に田舎から出て来て写真の学校に通い始めた私は、赤線の残り香を、ほんの少し嗅いだ程度だが、あの頃の気分や雰囲気は強く記憶に残っている。新宿・花園神社の靖国通り側に同級生の家があり、暗室もあったのでいつも数人でたむろしていたのだった。

同級生の家は旅館を営んでいて、その手のお姐さんが出たり入ったりしていたのだ。

ある日試験勉強と称して集まっていた我らの部屋のドアが開いて、

「誰か……私買わない?!」

と言われた時は、度肝を抜かれた。その頃のお遊びの相場なんて記憶にないが、この本を読むと手に取る様に分かる。

小沢さんの掘り起こしているのは、日本の生活の歴史の一端である。歴史書には事件しか書かれていないので、実に貴重な夜の「資料」にして「史料」である。チョンの間、時間、お泊まり、マワシと、忘れられていくものを残さないではいられない情熱に圧倒される。そこには何故か落語の世界に出てくるような人生の哀感が漂っていて、聞き耳を立ててしまう。

ここに一枚の写真がある。

男女が写っている、ごく平凡な記念写真に見える。しかし、女性はエプロンを掛けたあの有名な一条さゆりさんで、男性はラーメン屋に扮した小沢昭一さん、このお二人が直立不動で写っている。日活ロマンポルノ「濡れた欲情」撮影中に撮られたもので、キャプションによると、「セルフタイマー使用」と書かれてある。という事は、小沢さんが三脚を立てて構図を覗いて決め、シャッターボタンを押した後、急いで一条さゆりさんの所まで駆け戻ってポーズをとった事になる。

映画の場合は、演出をする監督が居て、カメラマンがレンズの選択と画角を決定し、照明部が出演者に光を当て、その他の美術部や衣装部と大勢の人々が立ち働くけれど、この写真の場合は、まず撮影部（小沢さん）が場所を決め、手持ちのレンズで全身を狙う。そして照明部（でもある小沢さん）は強いコントラストを避け、曇天を用意し衣装のディテールに心を配るのだ。その上で、被写体にもなる自分自身と一条さんに演出を施す。これはもう天才以外の何者でもない。あたかも忙しい映画撮影の合間に雑誌の取材に嫌々応じたかに見える絶妙の雰囲気と、背景をやけに気にするカメラマンが撮るであろう電車も入れ込んでいる。

何と言っても一条さゆりさんの立ち方が絶品なのだ。両足は小沢さんと少し離れてはいるが、上半身は気持に情も入れてラーメン屋さんに近づいている。その一条さんのこれ以上無いバランスの横で、素っ気なく無防備に構えた姿は、ドジな取材カメラマンに文句を言うのも面倒臭いと言わんばかりで、早く終わってちょうだいねとも見える。

これがなんと、撮影者のいない三脚の上にのっかったカメラに向かってしている事とはどうしても思えない。何にもしていない様に見えていろんな事をしている堂々とした記念写真で、セルフタイマーを無きものにしてしまっている。もうひとつ裏がえして言えば、セルフタイマーに牛耳られていない。

これら一連の小沢さんの写真が発表された時代を振りかえると、まどろむ写真家に一泡吹かせてやろうという企みが潜んでいる。御本人が否定すればする程、信憑性は高まるというものだ。この頃の小沢さんの写真は古典的犯罪者の情熱にも似て、犯行意識が明確で覚悟があり、写真の類型にドスを突き付け、本質を鋭くつく個性的な典型の世界をスイスイと泳いでいた。

小沢さんの写真を見て戦慄を覚え身構えた、と心ある写真家は対談の中で冗談半分に告白をしている。

その写真界の巨匠・細江英公氏が、三島由紀夫を撮り下ろした「薔薇形」を、小沢さんは、「記念写真だ」と仰る。当時、写真界でのそれに対する惜しみ無い讃辞の中にこの言葉は見当たらなかったから、意表をついて新鮮で強力だと受け止めたに違いない。細江氏本人も外野も。

風俗を撮って風俗に陥らない記念写真群の他に〝町に立てられた看板、貼られたポスターの類はよく写す〟とも仰る。これはプロカメラマンの守備範囲を大きく超えているものである。というより、写真の中に文字が入ってくることを、お作品制作に勤《いそ》しむ先生方は極端に忌避なさる。それは文字の強さや意味をうっちゃる事が至難の業であるのを知っているからなのだ。小沢さんの看板写真はやがて消えてゆくものの記録の上に立って、写真として面白い。特に見開き二点の頁「よるな」「ごめん」が独断専行に陥ることなく諧謔を弄して絶品である。小難しい事は抜きにして素直に面白い。

「柱に賽銭を入れないで下さい」などは吹き出して笑った後に、これは小沢さんが作った張り紙だと思えてしまう。

記録というと、誰が撮っても同じように思えるけれど、教養の有無によってこうも違うかと見えるのは、旅人の眼差しと複雑の果てに辿り着く単純の業に違いない。

看板に続いて、四十頁を超える旧赤線めぐりのモノクロ写真もその時代の悲しみを見詰める姿勢に貫かれている。小沢青年若かりし頃はお世話になった木造あるいはモルタル造りの家屋や路地の嘆息、溜息が聞こえて来て、「挫折の詩」なのである。何やら悲しみと同時に安心や慰めがあるのは不思議だ。屋根に撮影中の小沢さん自身の影が映っている写真は、この場所に自分を刻印せずにはおかないという名作である。

全ての写真に触れることはできないが、私が最も目を離せなかった写真を一枚、白状すれば、隅田河畔である。

人間の表情の決定的瞬間などは見えないが、生活の悲喜こもごもが感じられ、美しさに溢れている。

小沢大写真館館主の、対象にそそぐ独自の目には、はにかみがある。考えてみれば玄人を目指す素人に、含羞はない。猥雑に見えるものの内側から〝おっとどっこい生きているんだよ〞という、気位や品位を見ようとする姿勢に、繊細さと敏感さ、そして図太さが漲っている。

撮られる側の心理を熟知した、写真家の物語です。

この本を素人から玄人まで、全ての写真愛好家に勧める次第です。ハイ。

本書には、芸能者たちへのインタビュー、また過去の資料からの引用を収録しております。内容の一部には、今日の人権意識に照らして、特定の職業や身分に対する差別ととられかねない表現があります。しかしながら、日本の芸能の歴史とそれを担ってきた人々についての記録を伝えるという観点から、表現の削除、言いかえなどは行っておりません。読者の皆様にはその点をご留意の上お読みくださるようにお願いいいたします。

またすべての差別を撤廃し、誰もが人間としての尊厳を認められる社会を実現するため、差別の現状についても認識を深めていただくようお願いいいたします。

また、本書を制作するにあたって、本書に登場されるすべての方々に収録許可をいただこうと努力しましたが、連絡のとれなかった方もいらっしゃいました。お心当たりの方は、編集部までご一報いただければ幸いです。

筑摩書房編集部

本書は一九七四年四月、話の特集より刊行された。

びんぼう自慢　古今亭志ん生　小島貞二編・解説

「貧乏はするものじゃありません。味わうものですな」その生き方が落語そのものと言われた志ん生が自らの人生を語り尽くす名著の復活。

志ん生滑稽ばなし　志ん生の噺1　古今亭志ん生　小島貞二編

何度も甦り、ファンの心をつかんで放さない志ん生落語。その代表作をジャンル別に分けて贈るシリーズの第一弾。爆笑篇二十二席。（大友浩）

志ん生艶ばなし　志ん生の噺2　古今亭志ん生　小島貞二編

「え～、カタいことばっかりいって世の中を渡ったってしょうがない。……」志ん生、秘中の秘、軽妙洒脱な艶笑噺全二十席。（大友浩）

志ん生人情ばなし　志ん生の噺3　古今亭志ん生　小島貞二編

「え～、人間というものは、どういうもンですか、この……」独特の語り口でしみじみ聞かせる江戸の人間模様。至芸の全十四席。（大友浩）

志ん生長屋ばなし　志ん生の噺4　古今亭志ん生　小島貞二編

「……おまえさんといっしょにいるてえと、また損しちゃうんだから……」志ん生の生活と意見がにじみ出る十八番の長屋噺十三席。（大友浩）

志ん生廓ばなし　志ん生の噺5　古今亭志ん生　小島貞二編

「惚れて通えば千里も一里　広い田ンボもひとまたぎ……なんてのは学校じゃ教ェない」。シリーズ最終巻は名作、熱演の廓ばなし十四席。

志ん朝の風流入門　古今亭志ん朝　齋藤明

失われつつある日本の風流な言葉を、小唄端唄、和歌俳句、芝居や物語から選び抜き、古今亭志ん朝の粋な語りに乗せてお贈りする。（浜美雪）

志ん朝の落語（全6巻）　古今亭志ん朝　京須偕充編

絶妙の間、新鮮なくすぐり、明るさと品のよさで類稀なる落語世界を作り上げた古今亭志ん朝の落語を活字で再現する全71席。写真と解説を付す。

定本艶笑落語1　艶笑小咄傑作選　小島貞二編

「お座敷ばなし」として、江戸時代からひそやかに語りつがれてきた何百という艶笑小咄。バラエティにあふれ、こっそりと楽しめる傑作落語。

定本艶笑落語2　艶笑落語名作選　小島貞二編

好色的なおかしさ、あでやかな笑いを何人もの師匠の記憶をたしかめ、原形に復元した、おおらかでたのしい、日本の伝統的な〝よきエロチカ〟。

定本艶笑落語3
艶笑落語名演集　小島貞二編

古今亭志ん生、橘ノ圓都といった大長老が健在のときに採録した、艶笑落語名演としては、その顔ぶれ、演題ともにベストの収録内容である。

禁演落語　小島貞二編著

酒飲み、泥棒、男と女……禁じられても聞きたい落語。戦中の禁演五三篇に戦後占領下の二〇篇の解説を付した初の禁演落語集。文庫オリジナル。

与太郎戦記　春風亭柳昇

昭和19年、入隊三年目の秋本青年に動員令下る！　行き先は中国大陸。出撃から玉砕未遂で終戦までの顛末を軽妙に描いた名著。（鶴見俊輔）

写真集　高座のそでから　橘蓮二

談志、志の輔、小三治、昇太……落語ブームのただ中で活躍する落語家の輝ける瞬間を捉えたファン必携の写真集。（高田文夫　玉置宏）

大江戸歌舞伎はこんなもの　橋本治

著者が三十年間惚れ続けている大江戸歌舞伎。粋でイナセでスタイリッシュ!!　今では誰も見たことのない大江戸歌舞伎。一体どんな舞台だったのか？

花の大江戸風俗案内　菊地ひと美

時代小説や歌舞伎をより深く味わうために必携の一冊。江戸の廓遊びから衣装・髪型・季節の風俗を美しいイラストと文章で紹介。文庫オリジナル。

決定版　上方芸能列伝　澤田隆治

数々のヒット番組を世に送り出した名プロデューサーが、日本中を笑いでつつんだ〝笑売人〟たちを通して上方芸能の真髄を探る体験的芸能史。

雑談にっぽん色里誌　芸人編　小沢昭一

イキな遊び、シャレた遊び、バカな遊びの極意から芸談まで。遊びのチャンピオンでもある噺家の師匠たちと興味津々の雑談大会。（井上章一）

私のための芸能野史　小沢昭一

万歳。女相撲。浪花節。ストリップ……雑芸者たちを歴訪しつつ芸能者として迷う著者。70年代フィールドノート。（中村とうよう　上島敏昭）

平身傾聴　裏街道戦後史　色の道商売往来　小沢昭一　永六輔

色の道を稼業とするご商売人たちの秘話。稀代の聞き手小沢昭一が傾聴し、永六輔がまとめた。読めばもうひとつの戦後が浮かび上がる。

落語手帖　江國滋

落語が一つの頂点を極めていた昭和30年代中盤。若き随筆の名手が、様々な角度から愛惜をこめて描いた名著復刊。（矢野誠一　瀧口雅仁）

落語無学　江國滋

落語三部作最終作。昭和40年代前半の落語界、寄席、芸人たち……語りひとつで人を異界へ運ぶ芸の魅力を描く。（中村武志　松本尚久）

江戸小咄女百態　興津要

小咄と川柳に現れる江戸の女たちのさまざまな姿。娘、新妻、やりくり女房、お針、側室…多くの制約の中で生き抜いた江戸の女の大競艶。

圓生の録音室　京須偕充

昭和の名人、六代目三遊亭圓生。『圓生百席』をプロデュースした著者が描き出す、〝稀代の芸の鬼〟の情熱と素顔。（赤川次郎　柳家喬太郎）

落語家論　柳家小三治

この世界に足を踏み入れて日の浅い、若い噺家に向けて二十年以上前に書いたもので、これは、あの頃の私の心意気でもあります。（小沢昭一）

らくごDE枝雀　桂枝雀

桂枝雀が落語の魅力と笑いのヒミツをおもしろおかしく解きあかす本。持ちネタ五選と対談で、「笑いの正体」が見えてくる。（上岡龍太郎）

桂枝雀のらくご案内　桂枝雀

上方落語の人気者が愛する持ちネタ厳選60を紹介。噺の聞かせどころや想い出話をまじえて楽しく落語の世界を案内する。（イーデス・ハンソン）

上方落語　桂枝雀爆笑コレクション（全5巻）　桂枝雀

上方落語の爆笑王の魅力を速記と写真で再現。第一巻は「スビバセンね」。意識・認識のすれ違いが生む面白さあふれる作品集。（澤田隆治）

上方落語　桂米朝コレクション（全8巻）　桂米朝

人間国宝・桂米朝の噺をテーマ別に編集する。端正で上品な語り口、多彩な持ちネタで、今日の上方落語隆盛をもたらした大看板の魅力を集成。

一芸一談　桂米朝

桂米朝と上方芸能を担った第一人者との対談集。藤山寛美、京山幸枝若、岡本文弥、吉本興業元会長・林正之助ほか。語りおろしあとがき付。

古典落語 志ん生集　古今亭志ん生／飯島友治 編

八方破れの生きざまを芸の肥やしとした五代目志ん生の、「お直し」「品川心中」など今も色褪せることのない演目を再現する。

古典落語 文楽集　桂文楽／飯島友治 編

八代目桂文楽は「明烏」など演題のすべてが「十八番」だった。言葉のはしばしまで磨きぬかれ、完成された芸を再現。

古典落語 圓生集（上）　三遊亭圓生／飯島友治 編

寄席育ちの六代目三遊亭圓生は、洒脱な滑稽味で聞かせる落とし噺、しっとりと語り込む人情噺を得意とした。この巻には「らくだ」ほか11篇。

古典落語 圓生集（下）　三遊亭圓生／飯島友治 編

圓生は、その芸域の広さ、演題の豊富さは噺界随一といわれた。この巻には、「文違い」「佐々木政談」「浮世床」「子別れ」ほか8篇を収める。

古典落語 小さん集　柳家小さん／飯島友治 編

いまや、芸、人物ともに落語界の最高峰である五代目小さん。熊さん八っつぁん、ご隠居おかみさんから狸まで、理屈抜きで味わえる独演集。

落語百選 春　麻生芳伸 編

古典落語の名作をその〝素型〟に最も近い形で書き起こし四季に分け編集したファン必携のシリーズ。故金原亭馬生師の挿画も楽しい。（鶴見俊輔）

落語百選 夏　麻生芳伸 編

「出来心」「金明竹」「素人鰻」「お化け長屋」など、大笑いあり、しみじみありの名作25篇。読者が演者となりきれる〈活字寄席〉。（都筑道夫）

落語百選 秋　麻生芳伸 編

「秋刀魚は目黒にかぎる」でおなじみの「目黒のさんま」ほか「時そば」「野ざらし」「粗忽の釘」など江戸の気分あふれる25話。（加藤秀俊）

落語百選 冬　麻生芳伸 編

義太夫好きの旦那をめぐるおかしくせつない「寝床」。「火焔太鼓」「文七元結」「芝浜」「粗忽長屋」など25篇。百選完結。（岡部伊都子）

なめくじ艦隊　古今亭志ん生

〝空襲から逃れたい〟、〝向こうには酒がいっぱいある〟という理由で満州行きを決意。存分に自我を発揮して自由に生きた落語家の半生。（矢野誠一）

路上観察学入門　赤瀬川原平／藤森照信／南伸坊編

マンホール、煙突、看板、貼り紙……路上から観察できる森羅万象を対象に、街の隠された表情を読みとる方法を伝授する。（とり・みき）

老人力　赤瀬川原平

20世紀末、日本中を脱力させた名著『老人力』と『老人力②』が、あわせて文庫に！　ぼけ、ヨイヨイ、もうろくに潜むパワーがここに結集する。

温泉旅行記　嵐山光三郎

自称・温泉王が厳選した名湯・秘湯の数々。旅行ガイドブックとは違った嵐山流遊湯三昧紀行。気の持ちようで十分楽しめるのだ。（安西水丸）

頬っぺた落とし、う、うまい！　嵐山光三郎

うまい料理には事情がある。不法侵入者のカレー、別れた妻の湯豆腐など20の料理にまつわる、ジワリと唾液あふれじんと胸に迫る物語。（南伸坊）

笑う茶碗　南伸坊

笑う探検隊・シンボー夫妻が、面白いものを探し求めて東へ西へと駆け巡る！　あまりの馬鹿馬鹿しさに茶碗も笑うエッセイ集。（夏石鈴子）

下町酒場巡礼　大川渉／平岡海人／宮前栄

木の丸いす、黒光りした柱や天井など、昔のままの裏町場末の居酒屋。魅力的な主人やおかみさんのいる個性ある酒場の探訪記録。（種村季弘）

東京酒場漂流記　なぎら健壱

異色のフォーク・シンガーが達意の文章で綴るおかしくも哀しい酒場めぐり。薄暮の酒場に集う人々との無言の会話、酒、肴。（高田文夫）

バーボン・ストリート・ブルース　高田渡

流行に迎合せず、グラス片手に飄々とうたい続け、いぶし銀のような輝きを放しつつ逝った高田渡の酔いどれ人生、ここにあり。（スズキコージ）

つげ義春を旅する　高野慎三

山深い秘湯、ワラ葺き屋根の宿場街、路面電車の走る街……、つげが好んで作品の舞台とした土地を訪ねて見つけた、つげ義春・桃源郷！

バスで田舎へ行く　泉麻人

北海道の稚内から鹿児島県の種子島まで各地のローカルバスに乗れば、奇妙な地名と伝説、土地の人の会話、〝名所〟に出会う。（実相寺昭雄）

ローカル線各駅下車の旅　松尾定行

ほんとうに贅沢な旅は、広い日本をのんびりローカル線で各駅下車をしながら、駅前、駅近、駅の中に自分だけの楽しみを見つけることなのです。

B級グルメ大当りガイド　田沢竜次

カレー、ラーメンからアンパンまで。元祖B級グルメライターが長年の経験と最新情報をもとにおすすめ店を伝授。居酒屋も駄菓子もあり。必携！

決定版　日本酒がわかる本　蝶谷初男

うまい酒が飲みたい。そのためには酒を「見る目」を磨くこと！　読めば見分けられ、そして味わいも増す、日本酒党必携の一冊。推薦銘柄一覧付。

文房具56話　串田孫一

使う者の心をときめかせる文房具。どうすればこの小さな道具が創造力の源泉になりうるのか。文房具の想い出や新たな発見、工夫や悦びを語る。

古本でお散歩　岡崎武志

百円均一本の中にも宝物はある。そんな楽しみを教えましょう。ちょっとしたこだわりで、無限に広がる古本の世界へようこそ！（田村治芳）

ぼくはオンライン古本屋のおやじさん　北尾トロ

ネット古書店は面白い。買い手から売り手になることの楽しさと苦労、ノウハウのすべてを杉並北尾堂の店主が、お教えします。（横里隆）

映画をたずねて　井上ひさし対談集　井上ひさし

天下の映画好き井上ひさしが、黒澤明、本多猪四郎、山田洋次、渥美清、澤島忠、高峰秀子、和田誠、小沢昭一、関敬六とトコトン映画を語る。

松田優作、語る　松田優作　山口猛編

70年代から80年代のわずか十数年の間を疾走した俳優・松田優作。出自、母、わが子、女性、映画への熱い思い……発言でたどる彼の全軌跡！

ウルトラマン誕生　実相寺昭雄

オタク文化の最高峰、ウルトラマンが初めて放送されてから40年。創造の秘密に迫る。スタッフたちの心意気、撮影所の雰囲気をいきいきと描く。

変な映画を観た!!　大槻ケンヂ

オーケンが目撃した変テコ映画の数々。知られざる必笑ムービーから爆眠必至の文化的作品の意外な見どころまで。（江戸木純）

品切れの際はご容赦下さい

ちくま文庫

珍奇《ちんき》絶倫《ぜつりん》 小沢大写真館《おざわだいしゃしんかん》

二〇〇六年十月十日 第一刷発行
二〇一二年十二月二十五日 第四刷発行

著者 小沢昭一（おざわ・しょういち）
発行者 熊沢敏之
発行所 株式会社 筑摩書房
東京都台東区蔵前二―五―三 〒一一一―八七五五
振替〇〇一六〇―八―四一二三
装幀者 安野光雅
印刷所 株式会社精興社
製本所 株式会社積信堂

乱丁・落丁本の場合は、左記宛にご送付下さい。
送料小社負担でお取り替えいたします。
ご注文・お問い合わせも左記へお願いします。
筑摩書房サービスセンター
埼玉県さいたま市北区櫛引町二―六〇四 〒三三一―八五〇七
電話番号 〇四八―六五一―〇〇五三

ISBN4-480-42266-8 C0195